Joachim Schröder

Plaudereien in der Eifelküche

Eefeler Verzellcher
Band IV

Joachim Schröder

Plaudereien in der Eifelküche

Eefeler Verzellcher Band IV

Eifeler Literaturverlag 2023

1. Auflage 2023

Eifeler Literaturverlag
Verlagsgruppe Mainz
Süsterfeldstraße 83
52072 Aachen
www.eifeler-literaturverlag.de

Gestaltung, Druck und Vertrieb:
Druck & Verlagshaus Mainz
Süsterfeldstraße 83
52072 Aachen
www.verlag-mainz.de

Umschlaggestaltung: Dietrich Betcher, unter Verwendung eines Fotos aus dem Privatarchiv des Verfassers

ISBN-10: 3-96123-068-4
ISBN-13: 978-3-96123-068-6

Inhalt

Vorwort

Die Eifel ist ein einzigartiges Natur- und Kulturland. Neben den vielen landschaftlichen Eigenheiten wie die Vulkan- und Maarregion oder der Nationalpark Eifel haben sich im Laufe der Jahrhunderte auch sehr eigenwillige Kulturphänomene herausgebildet, die teils noch bis heute bestehen.

Dazu gehören gewiss auch die Ess- und Trinksitten, das praktische Schaffen in Küche, Speise- und Milchkammer, in der »Butterkech« und im Backhaus. Die vielen Handlungen rund um die Herstellung, Zubereitung und Aufbewahrung der Speisen, des Sauerteigs, des Fleisches und der Räucherwaren sollen in diesem Buch ebenso beschrieben werden wie die teils ungewöhnlichen Brauchhandlungen rund um das Essen und Trinken am großen Eichentisch in der Küche.

Tischsitten, Gebete, Bräuche und Sprüche haben in diesem Buch Vorrang, einige Monatsrezepte belegen die Vielfalt des Küchenangebotes in der Eifel. Regionaltypische Gerichte erhalten natürlich den Vorzug.

Inspiriert zu diesem Buch wurde ich durch mein eigenes Erleben als Kind; denn ich war selbst direkt als helfende Kraft in das Geschehen involviert. Butter herstellen, Wurst produzieren, Kühe melken, Räuchermaterial wie Sägemehl oder Wacholder besorgen – dieses und viel mehr gehörte zu meinem täglichen Aufgabenbereich. Das entscheidende Motiv für die Dokumentation dieser Arbeit lieferte jedoch eine Blattsammlung meiner Oma und meiner Mutter, in der zahllose Eifeler Rezepte aufgezeichnet sind.

Rund 110 Jahre sind es her, dass Frau Katharina Görgens aus Hitdorf im Rheinland ihre Koch- und Backrezepte aufschrieb. Dies geschah von 1909 an und wurde fortgesetzt bis in die 60er Jahre des letzten Jahrhunderts.

Katharina fing also mit 13 Jahren an, selbst zu kochen und zu backen und eigene Rezepte zu entwickeln. Ihre Tochter Agnes Schröder, geboren am 9. Dezember 1925 in Pronsfeld/Eifel, setzte nach ihrer Heirat mit Peter Schröder die Tradition der Mutter fort und ergänzte die handgeschriebene Blattsammlung um weitere Rezepte, so dass eine stattliche Anzahl von regional bekannten, aber auch eigenen Rezepten zusammenkam.

Durch die Haushaltsauflösung der Familie Peter und Agnes Schröder nach deren Tod in den Jahren 2008 und 2010 gelangte die Sammlung in meine Hände – ich bin der älteste Spross der Eheleute Schröder und wohne ebenfalls in Pronsfeld. Neben den Rezepten erhielt ich auch das Inventar der alten Küche, das inzwischen bei mir in einer kleinen Museumsküche seine neue »Heimat« fand.

Mit Esssprüchen und Tischgebeten von früher angereichert und mit teils deftigen Redensarten, heiteren und witzigen Weisheiten sowie Zitaten exponierter Persönlichkeiten garniert erfährt das Buch zudem eine besonders »köstliche« Bereicherung.

So dürfte diese Sammlung ein kleines Schatzkästchen für alle Freunde der Eifel und des guten Geschmacks sein. Zu großem Dank verpflichtet bin ich dem Eifeler Literaturverlag mit Herrn Swiontek aus Aachen.

Ich wünsche den Leserinnen und Lesern viel Heiterkeit, Freude am Erinnern, Muße und Besinnung, den Kochinteressierten viel Spaß und allen guten Appetit!

Pronsfeld 2023,
Joachim Schröder

Urtypische Eifelgerichte im Überblick

21 Stück im Überblick

- Döppekooche
- Lämmchesbroode
- Gekochtes Rindfleisch
- Ferkesbuchroulade
- Buchweizen-Pfannkuchen
- Mehlklöße
- Stampes (Kappestiertisch)
- Kohlrouladen
- Birrebunnes
- Bochlapp mat Souerkrout
- Erbessenzopp mat Mettwurscht
- Deck Bungen mat Rippchen
- En eefach Bottich mat Schmand
- Nuuzen als Teiggebäck
- Nusswaffeln
- Quetschentoart
- Quarkbällchen
- Quittenmarmelad
- Hefkiecheler
- Broatjrumpere mat Ei
- Himmel u Erd

Historisches

Aus einem Trierer Kochbuch von 1857

»Es gibt Köchinnen, welche sagen, wer das Kochbuch zur Hilfe nehmen müsse, verstehe nichts von der Kochkunst. Das ist so ungereimt wie nur möglich [...]. Die Kochkunst ist in gewissem Sinne die Kunst der Künste. Der Arbeiter wie der Minister hängt in seiner Arbeitskraft zum Teil von seiner Köchin ab [...]. Die billigste Schüssel, eine Kartoffelsuppe, ein Stück Fleisch, ein Gemüse usw. mit Sorgfalt und Sachverständnis gekocht, macht ihrem Urheber Ehre [...], der feinste Leckerbissen, stümperhaft fertiggestellt, erregt keine Genussfreudigkeit. Nun kann allerdings, wie in allen Künsten, nur die Praxis jene Fertigkeit verleihen, welche das ›Kochen können‹ ausmacht; aber eine gute theoretische Anleitung, ein zuverlässiger Ratgeber ist für jeden Strebenden unerlässlich [...]. Man gebe dieselben Rohstoffe und Anleitungen an eine gute und an eine pfuschende Köchin; die letztere wird das zarteste Filet als Schuhsohle auf den Tisch bringen, die erstere selbst altes Kuhfleisch in ein annehmbares Gericht zu verwandeln verstehen ...«

PS.: Bei der Wiedergabe dieses Zitates wurde lediglich darauf geachtet, die neue Rechtschreibung zu beachten.

Humor

Bescheidenheit, verlass mich nicht bei Tisch,
und gib, dass ich das größte Stück erwisch'.

Scherzhaftes Sprichwort

Mangoldsaft, Rote Bete und Salbei

Wenn man die heutige Gartenkultur mit der früheren vergleicht, so sind mehrere wesentliche Unterschiede erkennbar. Zum einen finden wir heute fast mehr »Kunstflächen« mit für die Region eher atypischen Gewächsen (Exoten) als Wirtschafts- und Nutzgarten. Kurzgeschnittene Rasenflächen mit Sprenger dominieren in den Vorgärten, ebenso pflegeleichte Nadelhölzer statt Laub abwerfender Bäume und Hecken. Zum anderen haben sich statt einheimischer Materialien vielfach Kunststoffe, Beton und Marmor mit Fontänen und wesensfremden Erscheinungsformen durchgesetzt.

Daneben geraten viele alte Gartenpflanzen auf eine Stufe mit dem »Un-Kraut«. Bekämpft und ausgerottet fehlen sie heute im Gartenbild.

Früher war das anders. In einer Zeit, in der die Felder bestellt, die Wäsche mit der Hand gereinigt und gebleicht wurde, das Handwerk und die Hausarbeit erledigt werden mussten und eine Vielzahl von Kindern erzogen wurde, blieb trotz aller Beschwernisse Muße für die Gartenarbeit. Der typische Bauerngarten in der Eifel, früher an jedem Haus zu finden, war hauptsächlich ein Nutzgarten. Er war gegliedert in Gemüse- und Gewürzgarten, dazu gab es eine Abteilung mit Zierpflanzen und Heilkräutern. Die Anlage war übersichtlich und funktional, Pfade markierten Gliederungen, in der Mitte befand sich nicht selten ein Rondell, optisch hervorgehoben durch ein Blumenbeet.

Den größten Raum des Gartens nahm das Gemüsebeet ein: Möhren, Kohlrabi, Lauch, Zwiebeln, Rote Beete und die in der Eifel so beliebten Dicken Bohnen, hier auch »Saubohnen« genannt. Spinatsorten – heute fast vergessen – bereicherten das Angebot. Kartoffeln, Rot- und Weißkohl sah man hingegen in den Gärten seltener;

diese Arten wurden im freien Feld angebaut. Manche Gemüsepflanze galt auch als Heilmittel: Mangoldsaft half gegen Blutarmut, Zwiebeln gegen Bronchialerkrankungen und in Pestzeiten diente sie zur Desinfizierung der Luft.

Gegenüber dem Gemüsebeet verlief entlang der schützenden Hauswand an der Südseite das Heilkräuterbeet. Eine Vielzahl von Kräutern fand man hier vor: Eibisch (gegen Husten, Zahnschmerzen, Magenbeschwerden), Frauenkraut (für die Wundheilung), Fingerhut (für die Herzstärkung), die Großblütige Königskerze (gegen Erkältungen aller Art). Die Königskerze besaß nach Meinung unserer Vorfahren darüber hinaus die Fähigkeit, das Haus vor Blitzschlag zu schützen und wurde daher im Volksmund auch »Blitzkraut« genannt. Diese fehlte wie viele andere Kräuter niemals im Krautwisch, den man am 15. August zur Weihe in die Kirche brachte und anschließend im Haus aufhängte.

Ein weiteres Beet war das der Gewürzkräuter, die als Küchen- und Heilkräuter dienten. Zitronenmelisse, Liebstöckel, Salbei, um nur einige aufzuführen, waren für die Köchin unersetzbare Gewürze, zugleich versehen mit heilender, beruhigender oder krampflösender Wirkung. Ziersträucher markierten am Kopfende die Grenze des Bauerngartens. Zur »Wetterseite« hin wachsen höhere, den Innenraum schützende Pflanzen und Schattenspender: Flieder, Forsythie, Weigelie, Deutzie, Falscher Jasmin und Pfingstrose. Neben diesen Sträuchern gab es weitere Zierpflanzen. So finden (Beachten Sie auch wieder die Zeiten!) wir Rosen und Lavendel dicht neben Rainfarn und Feldsalat, Senf neben Dahlien und Zwiebeln, Ringelblumen und Astern. Nicht vergessen werden dürfen die einheimischen Beerensträucher wie Rote und Schwarze Johannisbeere, Himbeerhecken und die in der Eifel beliebten Stachelbeeren (»Deck Krischeln«). Sie bildeten meist nach der Längsseite den Abschluss des Gartens.

Der Eifeler Bauerngarten war bestückt mit einheimischen Materialien. Zaun, Weg, Beeteinfassung und die Pforte fertigte man aus Holz, Steinen und Naturplatten. Ob altertümlicher Flechtzaun, Staketen oder Schwartenzaun, Holz war der Lieferant. Die Gartenpfädchen waren mit Kies oder zermahlener Gerberlohe (Eichenrinde) ausgelegt. Steine dienten als Beeteinfassungen, gelegentlich auch Dachziegel oder eine einfache Buchsbaumhecke (»Pälmen«).

Neben der Feldwirtschaft, der Viehzucht und der Waldnutzung war der Gartenbau die vierte Stütze der bäuerlich-ländlichen Selbstversorgung. Er war nicht wie heute Erholungsraum, sondern diente in Zeiten der Not als wichtiger Bestandteil zur Deckung des lebensnotwendigen Eigenbedarfs. Diesem Anspruch wurde auch der Artenreichtum der Pflanzen gerecht, die in verschiedenen Lebensbereichen ihren Dienst zu leisten hatten: als Lebensmittel und Gewürz, als Heilkraut oder Zierpflanze oder auch als Gewächs, von dem man sich eine magische Wirkung gegen Krankheiten und böse Geister versprach.

Das wachsende Umweltbewusstsein führt heute – gottlob – zu einer Rückbesinnung auf alte und altbewährte Techniken und Methoden im Gartenbau. Hinzukommt, dass im Zeitalter von BSE und Kälbermast das Prinzip der Selbstversorgung wieder stärker hervortritt. Am wichtigsten erscheint mir persönlich dabei, dass ein Umdenken stattfindet im Hinblick auf die Ernährung und auf den Erhalt der natürlichen Schönheit der Gärten. Denn einst waren sie der Stolz der Bäuerin und des gesamten Hofes.

Eifeler Bräuche, Teil 1:

Regelmäßig gepflegtes Brauchtum im Jahreslauf

Die Eifel war und ist ein Brauchtumsland. Natürlich pflegt man anderenorts wie beispielsweise in Bayern, im Harz oder in der Lausitz gewisse Traditionen, übt sich in der Brauchpraxis und folgt gewissen, vom Jahreslauf bestimmten Riten und Handlungen. Vorgaben dafür und Brauchtumsanlässe generell liefern die großen Feiertage und Feste, aber auch Namens- und Lostage, ortsspezifische Feiern wie Kirchweih oder Patronatsfeste.

Alle Großregionen der Eifel – von Aachen bis Trier, von Koblenz bis Köln – pflegen Brauchtumspraktiken, freilich in unterschiedlicher Form. Als »Hochburg« gelebten Brauchtums gilt die West- und Vulkaneifel, also die Regionen um Daun und Gerolstein, Prüm, Neuerburg und Bitburg.

Das neue Jahr wird »angeschossen«, mit Knallern und Feuerwerk begrüßt. Früher war das freilich anders: So entzündete man kleine Feuer, traf sich im Wirtshaus zum Kartenspiel und geselligen Miteinander. Erst um Mitternacht waren Frauen zugelassen, um ausgelassen mitzufeiern. Man trank nicht Sekt und aß am Büffet, es ging auch bescheidener: Viez diente als Getränk, eine mit Rauchfleisch oder Speck belegte Brotplatte sorgte für eine deftige Mahlzeit.

Der Januar stand noch ganz im Zeichen des Weihnachtsfestes. In der häuslichen Stube standen der »Christbaum« und die selbstgefertigte Krippe noch bis zum Lichtmesstag am 2. Februar. Am »Erscheinungstag« (6. Januar) empfing man mit Freuden die »Heiligen Drei Könige« an der Haustür, die ihrerseits das »C+M+B« an die Tür zeichneten und einen Spruch aufsagten. Am Lichtmesstag ging es zur Kerzenweihe in den

Gottesdienst, einen Tag später zum Blasius-Halssegen in die Kirche. In Prüm verehrte man am 1. Februar die Heilige Brigitte mit einem Pilgergottesdienst – Brigitte galt als Viehheilige, die besonders Bauern in die Abteistadt lockte.

Fastnacht oder – wie man im Kölner Raum sagt – der »Fastelowend« begann am Weiberdonnerstag, in der westlichen Eifel »Fetter Donnerstag« genannt. Es gab weder »Vorfastnacht« noch Mittfastnacht, weder monströse Umzüge noch »Faschingspartys«. Das gelebte Brauchtum bestand aus Heischegängen der Kinder mit Mundart-Liedern und vereinzelten »Möhnentreffen« oder dörflichen Kappensitzungen. Der Fastnachtsspuk endete dann definitiv am Fastnachtsdienstag, denn dann war Fastenzeit angesagt. Für die Eifeler Familien hieß das in erster Linie: weniger essen und trinken, Verzicht üben, die Kreuzwegandachten besuchen und auf Süßes verzichten. Der Konsum stand zurück, das gläubige »Umkehren« und Buße tun war das Gebot der 40 Tage. Am Aschermittwoch wird bis heute das Aschenkreuz verteilt – Zeichen für Vergänglichkeit und Buße.

Am ersten Fastensonntag war – und ist bis heute – »der Burg-, Hütten- oder Scheefsonndisch«. Dieser Sonntag markierte einen Höhepunkt im dörflichen Brauchtumskalender: An diesem Tag lodern auf den Eifelhöhen die Frühjahrsfeuer, in einigen Landstrichen werden auch brennende Räder zu Tal gerollt. Mit dieser symbolischen Handlung will man den Frühling begrüßen, böse Dämonen vertreiben und den Vegetationskult beschwören.

Der Palmsonntag markiert den Eintritt in die vorösterliche Woche, »Karwoch« genannt. Die Kartage selbst sind mitbestimmt vom gläubigen Tun der Bevölkerung: Besuch der Messfeiern, Bußandachten und Kreuzweggänge. In Oberkail, Prüm oder Alendorf gibt es bis heute noch »Außenkreuzwege«, Stationen also, die in der Natur abgeschritten werden. Zielpunkt ist jeweils der

Kalvarienberg mit dem Gipfelkreuz. Von Gründonnerstag bis zur Ostermesse schweigen in der Eifel die Glocken, sie sind – nach volkstümlicher Vorstellung – nach Rom geflogen, um die Beichte abzulegen. Stattdessen machen sich die Jungen bereit, in so genannten »Klapperzügen« durch die Dörfer zu gehen und die Angelus- und Gottesdienstzeiten anzukündigen. »Et lockt Bätglock« (»Es läutet die Betglocke«) heißt es dann in Mundart. Die Praxis der Jungen wurde und wird mit Dankbarkeit zur Kenntnis genommen und nach dem letzten Klapperzug mit Eiergaben entlohnt.

Am »Hochheiligen Osterfest« gibt es dann wieder den Vielklang der Glocken, die je nach Ort oder Region zur Auferstehungsmesse, zum Hochamt oder zur Vesper einladen. In der Familie werden vielerlei Eierspiele gepflegt: Eiertippen, Eierschattern, Eiertícksen. Bei den kirchlichen Feiern stehen die Weihe des Osterwassers, der Kerze und des Feuers im Mittelpunkt der vielen Handlungen, das Osterwasser wird anschließend in den Familien verteilt. Ein weltliches Großfest in der Eifel ist am Ostersonntag die »Schönecker Eierlage«, ein Relikt aus burgherrlicher Zeit, als zwei Konkurrenten im »Raffen« der ausgelegten 104 Eier und Laufen um die Wette spielten. Bis heute zählt dieser Brauch zu den größten Volksfesten in der Eifel – Tanz, Geselligkeit und Musikdarbietungen eingeschlossen.

Der Frühling, der in der etwas raueren Eifel etwas später einsetzt, wird dann ein zweites Mal freudig und symbolkräftig begrüßt: Am 1. Mai wird in allen Dörfern und Städten der bunt geschmückte Maibaum aufgepflanzt. An markanten Plätzen grüßt er die Bewohner und Gäste. Vereinzelt gibt er auch Auskunft über die am Ort ansässigen Handwerksbetriebe – Zunftzeichen zeugen von alten Berufen und Ständen.

Im Mai sind auch einige kirchliche Traditionen verankert wie Maiandachten zu Ehren der Muttergottes,

Maisingen oder der Aufbau häuslicher Altärchen. Daneben gibt es erste »Kirmessen« mit Tanzmusik und Konzerten, Wanderungen und Muttertagspraktiken. Neuerdings gesellen sich Grillfeste, Ausflüge mit Leiterwägelchen und Wanderungen zu den altüberlieferten Brauchhandlungen. Die Dorfkirmes war früher der Höhepunkt häuslicher und kirchlicher Feiern: Im Mittelpunkt standen Besuche von auswärts lebenden Familienmitgliedern mit reichlich Speisen und Getränken. Für die Kinder war und ist der Rummelplatz mit Fahrgeschäften die Attraktion.

In die Frühjahrszeit fallen auch die früher sehr beliebten Bittprozessionen durch Feld und Flur, die oftmals zu einer Kapelle oder zu einem Flurkreuz führen. Erbittet werden Segen und Gedeihen der Feldfrüchte und Gartenerzeugnisse. In diese »feierliche Reihe« öffentlicher Bräuche gehört auch die festliche Fronleichnamsprozession mit Fahnen, Geläut, Musik und strenger Formation. Diese Brauchhandlung hat bis heute – im Gegensatz zu anderen kirchlichen Festen – nichts an Essenz und Erhabenheit verloren. Das Gemeinschaftserleben ist neben dem religiösen Inhalt wohl ein nicht gering zu achtendes Element. Das gilt auch für Fuß- und Buswallfahrten in die nähere Umgebung. Die Eifel ist reich an Votivkapellen, Wallfahrtsorten und Gnadenstätten. Als Beispiele seien Heimbach (Nordeifel), Maria Laach (Osteifel), Banneux (belgische Eifel) und Maria Martental (Südosteifel) genannt. Auch Klöster haben an Anziehungskraft nichts eingebüßt: Himmerod, Maria Frieden, Steinfeld und Barweiler seien hier genannt.

Mitten im Hochsommer ist der »Frauentag« am 15. August ein brauchstarker Termin. An Maria Himmelfahrt wird der so genannte »Krautwisch« gesegnet, ein Bündel aus Gartenerzeugnissen, Kräutern, Tee und Blumen. Dieser »Krautwisch« aus früher 99 in der Natur gesammelten Produkten wird in der Kirche gesegnet, anschließend werden Teile daraus verzehrt, dem Viehfutter beigemischt oder auf dem Dachboden aufgehängt. Dieses Bündel galt als Schutz vor Blitz und Unwetter, Teile des Krautwischs wurden bei Gewitter in den Ofen geworfen oder gar im freien Feld an sichtbarer Stelle befestigt, um Hagel abzuwehren.

Reinen Dankcharakter an den Schöpfer hat das volksbeliebte Erntedankfest am ersten Oktobersonntag. Vor dem kirchlichen Altar werden Früchte des Gartens und der Felder ausgebreitet, hinzu kommen Brotlaibe und Wein. Nach der Segnung werden Brotscheiben an die Bevölkerung verteilt. Zum Erntedank gehört auch vielerorts ein zünftiges Dorffest mit Musik und Tanz. Dieser Festtag markierte zugleich auch das Ende der Sommer- und Erntezeit, nun begannen im häuslichen Bereich die Vorbereitungen für die Winterarbeiten in Stall, Haus und Scheune. Für den Landmann waren das notwendige Reparaturen und Stallarbeiten oder das In-Gang-Setzen der Webstühle und Spinnräder.

Ganz im Zeichen des stillen Gedenkens steht der November mit seinen zahlreichen Erinnerungsfeiern und Gedenktagen. Allerheiligen, Allerseelen, Volkstrauertag, Totensonntag und Buß- und Bettag wecken allesamt die Erinnerung an verstorbene, im Krieg gefallene und vermisste Mitmenschen. Zu den Brauchhandlungen zählen die Pflege der Gräber, Rosenkranzandachten, Verwandtenbesuche und Totengebete.

Mit dem »Tag des Kinderfreundes St. Martin« (11. November) beginnt allmählich die Vorfreude auf die Advents- und Vorweihnachtszeit. Diesen Tag verstärkt noch einmal der Nikolaustag (6. Dezember) mit der Bescherung der Kinder im Haus. Vielerorts gibt es heute auch Gemeinschaftsfeiern in der Kirche mit Gebeten, Liedern und der Darbietung der Heiligenlegende. Die Adventszeit ist die Zeit des häuslichen Vorbereitens auf den »Christtag«: Basteln, Backen, Schmücken und das

Bemühen um die Hauskrippe haben Vorrang. In der Kirche und auf dem Dorfplatz künden Kerzen und Tannenschmuck vom Großfest »Weihnachten«.

In der Eifel war und ist der Heilige Abend bereits ein vorgezogenes Weihnachtsfest. Am Tag wird die Krippe aus Wurzeln, Wacholderzweigen, Steinen und Moos zusammengefügt – ein Erlebnis für die männlichen Hausbewohner. Für den Baumschmuck und die Dekoration der »guten Stub« zeichnen sich Mädchen und Mütter verantwortlich. Am Abend erfolgt die heiß ersehnte Bescherung mit Gesang, Instrumentalmusik und dem Anzünden der Kerzen in abgedunkelter Stube. Im Mittelpunkt des Weihnachtsfestes steht der Besuch der Christmette oder des Hochamtes. Im Zeichen der Weihnacht stehen auch die folgenden acht Tage bis Silvester, wobei Besuche in der Nachbarschaft und bei Verwandten Bestandteil sind. Die so genannten »Raunächte«, in denen früher das Haus mit geweihten Kräutern zum Schutz vor bösen Geistern ausgeräuchert wurde, spielen heute in der Eifel keine Rolle mehr.

Viele Bräuche im Jahreslauf sind bereits ausgestorben, teilweise ausgehöhlt oder verändert. Immerhin ist ein Restbestand lebendig geblieben, wie hier beschrieben. Brauchträger sind in der Regel die Jugend, Mädchengruppen, Ministranten oder Burschen- und Bruderschaften.

Eifeler Bräuche, Teil 2:

Unregelmäßig gepflegtes Brauchtum im Lebenslauf

Neben den von den Kalenderfesten geprägten, regelmäßig ausgeübten Bräuchen in der Eifel gibt es auch eine Vielzahl von unregelmäßig praktizierten Brauchübungen, die allerdings in Teilen stark vom Aussterben bedroht sind. Private oder gesellschaftliche Anlässe sind es, die diese Riten und Sitten begründeten und über Jahrhunderte am Leben hielten. Viele dieser Bräuche fanden im familiären Rahmen statt, andere dagegen auch in der Öffentlichkeit. Oftmals waren sie verbunden mit Feierfreude, Musik und Geselligkeit, aber auch mit Lärm, Feuer oder Wasser.

Zu den »lauten Bräuchen« mit viel Geschrei und originellen Lärminstrumenten wie Büchsen, Töpfen und Pfannen gehörte der so genannte »Schariwari«. Dieser Brauch kam zum Tragen, wenn verwitwete Leute heirateten, Untreue im Spiel war oder ein allgemeiner Verstoß gegen die dörfliche Grundordnung vorlag. So hatte ein Mann, der im Dorf ein Mädchen umwarb, die Pflicht, der Dorfjugend »einen zu spendieren«. Tat er dies nach mehrmaligen Ermahnungen nicht, wurde ihm der »Schariwari gespielt«. Das hieß dann Spott und Hohn für den Geizhals, der seine Tür nicht öffnete, während draußen das mörderische Lärmkonzert vonstattenging. Änderte sich sein Verhalten bis zur Hochzeit nicht, wurde der Spuk ausgeweitet: Die Eselshochzeit war eine nachgespielte Spottzeremonie, bei der das Paar durch Esel ersetzt wurde und so der Verhöhnung auch öffentlich preisgegeben war. Die letzte Eselshochzeit in der Eifel ist aus dem Jahr 1958 belegt, Doppel-Hochzeiten gab es sogar zwei Mal in der südlichen Eifel. Dieser Brauch kam in der Folgezeit völlig zum Erliegen, nicht zuletzt deshalb, weil diese Praktiken zu stark die Ehre verletzten und sogar Politik und Justiz sich mit solcherlei Vorfällen zu beschäftigen hatten.

Eigene Brauchhandlungen, oft auch von Familie zu Familie unterschiedlich interpretiert, gab es bei Tauffeiern, Geburtstag- und Namenstagsfesten oder bei Kommunionfeiern und Todesfällen. Vorbereitung und Durchführung solcher Ereignisse forderten oftmals eine lange Vorbereitung, denn alle diese Feiern fanden ausschließlich im eigenen Hause statt. Ausnahmen erlaubten die Hochzeitsfeier oder der Beerdigungskaffee (Leichenschmaus), der wegen der teils großen Teilnehmerzahl auch in den Dorfsaal verlegt werden konnte. Bäuerliche Hochzeiten umfassten früher nicht selten bis zu 200 Personen. Im Mittelpunkt standen bei solchen Anlässen immer der Gemeinschaftssinn, der Austausch unter den Anwesenden und die innige Teilnahme aller an dem Ereignis. Besonders groß war die Betroffenheit beim Tod eines Mitmenschen, dessen Ableben alle Familienmitglieder und Nachbarn zum dreimaligen Rosenkranzgebet in der Kirche vereinte. Im Sterbehaus gab es nächtliche Totenwachen und eine Vielzahl religiöser Sitten und Handlungen. So wurde z.B. dem Verstorbenen ein Palmsträußchen oder ein gesegnetes Kraut in den Sarg gelegt. Bei Tauffeiern, Erstkommunion oder Namenstagen stand die auffällig schöne Kleidung der Hauptperson im Mittelpunkt, aber auch die üppige Speisefolge. Lieder, Kartenspiel der Männer und Erzählstükke ergänzten und bereicherten solche Tage der Freude.

Zum dörflichen Leben gehörten auch immer kleine oder größere »öffentliche Feste», deren Träger und Veranstalter meist aus Gruppen und Burschenschaften hervorgingen. Handwerkervereine, Sport treibende und musizierende Gruppen oder kirchliche Organisationen luden zu Wettkämpfen, Musikfesten und Kameradschaftstreffen ein. Die Feuerwehren veranstalteten öffentliche Übungen, Turngruppen luden zu Vorführungen und der Musikverein zum Konzert auf der Wiese oder auf dem Dorfplatz. Später gesellten sich zu solchen öffentlichen Feiern die Schul-, Pfarr- und Heimatfeste. Auch Jahrgangstreffen gehören in diese Kategorie. Zu den Bräuchen anlässlich von Klassentreffen gehört immer der Besuch der ehemaligen Schule, der Kirche und des Friedhofs sowie ein festlicher Rahmen am Abend.

Musterungen waren früher für die männliche Jugend ein Anlass, einmal kräftig auf die Pauke zu hauen. Voller Stolz präsentierte man sich im Dorf in schicker Aufmachung, später in Uniform, und hielt Einzug dann in die Dorfgaststätten. Lieder, Witze und reichlich Gutes für den Magen – eine Musterung war für jeden jungen Mann ein besonderes Erlebnis, das auch stets im Bild festgehalten wurde.

Derzeit ist die Lage auf dem Land so, dass die Vielzahl und Buntheit der öffentlichen Festangebote kaum noch überschaubar ist. Beach-Party und Maisfest, Felsenfest und Scheunenfeier, Bierfassrollen, Traktorziehen, Strohballentreiben oder Inselfest, Mallorca-Party, Wiesen-, Wald-, Hecken- und Heustallfest – nichts fehlt im Angebot. Nicht zu bezweifeln ist allerdings, dass mancherorts aus gutem alten Brauch auch Unsitte und Missbrauch geworden ist, nicht selten mit Folgen für Leib und Leben oder Sachbeschädigungen.

Manchmal sind dörflich-ländliche Feste und Feiern auch »Thementage«, die sich einer besonderen Sache verschrieben haben. Die Präsentation alter Handwerke gehört in diese Kategorie ebenso wie das Treffen der Traktorfreunde oder der Pferdemarkt. Mit großem Interesse verfolgen oft riesige Zuschauermengen solche Darbietungen bei Großveranstaltungen. Alte Schmiedekunst, den »Künstler mit den Ruten«, den Korbflechter, den Bienenfachmann oder die Kunstfertigkeit eines

Steinmetz – nie war das Interesse an solchen Darbietungen größer. Handwerkermärkte, mittelalterliche Vorführungen, gar Römer- und Keltenfeste erleben einen Boom, wie man ihn vor 30 Jahren nicht vorausgesagt hätte. Bäuerlichen Vorführungen und Bauernmärkten mit Erzeugnissen aus der Region ergeht es ähnlich: Traktorentreffen sind heute in der Eifel Großveranstaltungen mit Besucherzahlen wie beim Pokalspiel im Moselstadion in Trier. Das Flair, die Geräusche der Bulldogs und der Benzingeruch locken die Massen, ebenso die regionaltypischen Angebote beim Markt oder die Vorführungen von Pferderassen und Präsentationen beim Pferdemarkt. Darüber hinaus gibt es in der gesamten Eifel eine Vielzahl unterschiedlicher Bräuche bei Kleinmärkten, Trödel- und Antikmärkten. Auch Basare gewinnen zunehmend an Bedeutung – ihre Strahlkraft liegt im karitativen Bereich. Die Erlöse fließen zumeist in Spendentöpfe.

Selten geworden sind heutzutage in der Eifel Feierlichkeiten mit besonders stark ausgeprägten Brauchhandlungen wie eine Primiz, ein Bischofsbesuch oder eine Priestereinführung. Solche Hochfeste in einem Dorf ließen in früheren Zeiten die gesamte Bevölkerung zusammenströmen, man errichtete in aufwendiger Arbeit einen Triumphbogen, schmückte die Häuser mit Fahnen und Blumen und ließ alle Vereine aufmarschieren. Das gesamte Dorf nahm an den kirchlichen und weltlichen Feiern dieses Tages teil.

Ein schöner alter Brauch hat sich vielerorts in der Eifel erhalten: das Reinigen und Schmücken von Wegekreuzen. Die stummen steinernen Zeugen aus Schiefer und Sandstein sind durch Kommunen und Denkmalpfleger wieder neu ins Bewusstsein gerückt worden und damit auch das öffentliche Interesse. Schön, wenn sich Schulkinder oder Messdiener um diese ehrenwerten

Denkmäler kümmern und Anlieger damit mithelfen, sie zu erhalten.

Der gute alte Sonntagsspaziergang hat längst nicht ausgedient – im Gegenteil: Die Begegnung mit der Natur ist den Menschen wichtiger denn je. War früher einzig der Sonntag auserkoren für den Familienspaziergang, so sind es nunmehr alle Wochentage, die nach Feierabend die Leute ins Freie locken. Ob per pedes, mit Rad, Laufstock oder Inliner – man bewegt sich. Zu den neuen Bräuchen gehört oft ein zünftiger Grillabend in Garten oder Garage, Anlässe für Kommunikation und Geselligkeit. Auch organisierte Wanderungen, Wallfahrten, Kutschausfahrten und nostalgische Zugfahrten erleben derzeit einen ungeahnten Aufschwung. Eifelquerbahn, Fußwallfahrt nach Trier oder Echternach, Planwagentouren und Erlebniswanderungen auf dem neuen Eifelsteig – die Angebotspalette ist riesig. Nie zuvor waren Veranstaltungskalender so dick wie heute!

Theater und Zirkusveranstaltungen haben es heute hingegen auf dem Lande schwer. In Zeiten von Fernsehen, Handy, Kino und Heimcomputer ist für Laienschauspieler und kleine Familienzirkusse kaum noch Platz. Früher markierten Theaterdarbietungen in der Dorfschule, Chorkonzerte und das Erscheinen eines Wanderzirkus Höhepunkte im kulturellen Kalender eines Ortes. Es wurde Monate lang geprobt, geübt und gesungen, die Bühne selbst gefertigt, das Bühnenbild gemalt und die Kostüme genäht. Große Partituren und Drehbücher gab es kaum – nicht selten wurden Themen und Handlungen eines Theaterspiels selbst erfunden oder der Lehrer schrieb ein Stück mit viel Lokalkolorit. Der Erfolg auf der kleinen Dorfbühne war garantiert.

Zu den schönen »Auszeiten«, die man sich früher mal gönnte, gehörte das Angeln, das Karten- und Kegelspiel. Eine idyllische »Flusspartie« zeigt so manches alte Bild, auch das gesellige Miteinander am Kartentisch in der

Dorfkneipe war den wenigen Fotografen, die es gab, ein Motiv wert. Besonders schön hielt die Heisdorferin Nora Pfefferkorn eine solche Szene fest: Eifeler Bauern in ihrer Sonntagstracht mit Mütze, Kittel und Halstuch. Für die sonntägliche Kegelpartie (mit drei Kegeln) reichte oftmals eine Sandbahn im Freien, später wurde sie durch eine Holzbahn ersetzt, ehe die modernere Kegelbahn in den Dorfsaal verlegt wurde.

Örtliche Umzüge waren und sind volksbeliebt. Anlässe hierfür gibt es in ausreichender Anzahl, örtlich und zeitlich sind sie dennoch unterschiedlich ausgeprägt, auch finden sie zum Teil nur sporadisch statt. Ein Umzug ist nie Selbstzweck, sondern ein Mittel der Darstellung, um eine Sache, eine Geschichte oder Personen zu präsentieren. Typisch für die Eifel sind die kleinen bis mittelgroßen Fastnachtszüge, die sich auf mehrere Tage verteilen können und dabei viel Lokalkolorit aufzeigen. Ob Fußgruppen, Motivwagen oder »Einzelkämpfer« auf dem Fahrrad – die örtlichen Präsentationen sind oftmals eine sehenswerte und bunte Show froh-feiernder Menschen, besonders auch der Kinder.

Einen anderen Charakter haben Festumzüge anlässlich von Vereinsjubiläen oder Musikfesten. Hier präsentieren sich die Brauchträger selbst – in Uniform, mit Geräten oder Instrumenten und Fahnenbegleitung.

Groß in Mode gekommen sind – nach vielen Jahren des »Schlummers« – wieder Ernteumzüge. Schon früher hatten solche Dank- und Ernteumzüge Konjunktur: Meist war es ein geschmückter Leiterwagen, der von Pferden durch das Dorf gezogen wurde. Besetzt war er mit Jungvolk, das dem Publikum zuwinkte. Erntegaben, Bier und Früchte lagen zum Verzehr bereit. Heute präsentieren sich bei freilich größeren Zügen (wie z.B. in Rockeskyll) Heimat-, Verkehrs- und Verschönerungsvereine auf vielfältige Art und Weise. Bäuerliches Gerät wie Rechen und Haferkorb, ländliches und häusliches

Schaffen wie Buttern, Spinnen, Waschen und Einkochen von Obst werden auf den bunten Wagen vorgeführt. Hinzu kommt die Demonstration und das Angebot von eifeltypischen Erzeugnissen wie Viez, Schnaps, Schinken, Brot oder Käse, aber auch Stein- und Drahtwaren, Holzprodukte und Bildende Kunst. Die Eifel als Erzeugerland – wie und wo könnte man besser für sich werben? Umzüge bieten zudem die seltene Gelegenheit, mit Gästen und Einheimischen zu kommunizieren, Identität zu stiften und gesellig zu feiern. Ein schöner Brauch!

Ackerbau war in der Eifel schwierig

Jede Familie hatte ihr »Jrompersstecke« (Kartoffelacker), wo man im Herbst genug Erdäpfel oder »Grundbirnen« zu ernten hatte. Mit Hilfe des Karstes (Dreizink) wurden sie »ausgemacht«: Öffnen der Furche, Auseinanderwerfen, Auflesen. Bereits beim Aufheben sortierten die Familienmitglieder samt Helfer die Jrompern in Körbe: große Esskartoffeln, mittlere, zum Teil als Saatkartoffel zu gebrauchen, und kleinere für die beliebten »Quellmänner« und als Viehfutter. Zum Schluss der Ernte gab es bis in die letzten Jahre den schönen Brauch, das Kartoffellaub zusammenzutragen, anzuzünden und die ersten Knollen in die glühende Asche zu legen und anschließend zu verzehren. Mancher Bauer gestattete früher den armen Leuten, nochmals eine Nachlese zu halten wie bei der Kornernte und liegengebliebene, unentdeckte Kartoffeln aufzuheben. Zu Zeiten der eingeführten Schulpflicht erhielten die Kinder in der Eifel eigene »Jrompersferien«.

Kartoffeln und Roggen lieben den Grauwacken- und Vulkanboden, Futterpflanzen wie Rüben und Klee den Kalkstein. Waren die örtlichen Voraussetzungen für den Ackerbau weniger günstig, so wurden durch Verordnungen der Regierung Maßnahmen zur Verbesserung des Ertrages eingeleitet: Ent-, Bewässerung, Düngung, Bildung der Jungbauern in Landwirtschaftsschulen.

Von den Feldfrüchten wird als bedeutendste Getreideart der Hafer genannt. Er diente in Form von Brei und Grütze als Hauptnahrungsmittel. Daneben wird der anspruchslose Buchweizen, »Heidekorn«, aufgeführt, dessen Anbau in den feuchten Höhengebieten auf Schiefer wegen seiner kurzen Wachstumszeit und seines geringen Wärmebedürfnisses einen gewissen Ertrag brachte.

Als Ölpflanze diente der Mohn, als Gespinstpflanze der Flachs, der weit verbreitet war. Im Gegensatz zum Wiesen- und Weideland wurden die Saatfelder mit Zäunen eingefasst, im Prümer Urbar »clausura« genannt.

Die Ernte ist für jeden Landmann die höchste Zeit des Jahres – mit der Sense, Frauen auch mit der Sichel, schnitten sie das Korn, banden es zu Garben und stellten diese zu Kasten auf. Korngarben setzte man pyramidenförmig zu zehn Stück auf. Neun dieser Garben wurden im Kreis aufgestellt, die zehnte als »Ährenhut« auf den Kasten gestülpt. So konnte kaum Wasser in den »Käst« eindringen.

In die Kornkammer legte man gesegnete Kräuter des Krautwischs und des Palmzweiges, um Schäden wie Blitz und Donner abzuwehren. Gegen Mäusefraß legte man verkohlte Reste vom Holzblock des Christbrandes in die Kornbahr.

Für die Drescharbeit auf der Tenne in der Scheune benutzte man einen Dreschflegel, dessen Rute aus Haselholz und dessen Knüppel aus Buchenholz bestand. Gedroschen wurde stets im Winter, nur das neue Saatkorn wurde unmittelbar nach der Ernte gedroschen. Die Arbeit erforderte neben Körperkraft, Ausdauer und Geschick eine gute Harmonie, denn drei bis vier Drescher waren zeitgleich in rhythmischem Miteinander beschäftigt. Oftmals ging der Drusch am frühen Morgen los und endete mit dem Sonnenuntergang. Taktliedchen und rhythmische Sprüche begleiteten die Drescher bei ihren Schlägen.

Im Kreis Mayen klang es so:

»Lange drischt auf und ab,
munter und froh,
feldein der fleißige Nachbar sein Stroh.
Hoho! Tick! Tack! Tack!«

An das Dreschen schloss sich die Reinigung des Getreides an, dabei wurden Spreu und Unkrautsamen ausgesondert. Bei der ältesten Art der Reinigung wurden die Körner mit der Spreu in die Luft geworfen. Man bediente sich dabei einer Wurfschaufel oder einer Wanne. »De Wan« war ein flacher Weidenkorb, der einer Muschelhälfte ähnlich sah. In dieses Behältnis nahm der Knecht die Körner und warf sie mit Schwung in die Höhe. Dabei flog die Spreu weg, die Körner fielen in die Wanne zurück. Auch sonderten sich die leichteren ab, die später als Saatgut Verwendung fanden. Die endgültige Trennung der leichten Getreidekörner von der Spreu erfolgte durch Siebe. Kinder suchten aus dem Saatgut, das sie auf einen Tisch schütteten, schlechte Körner und Unkrautsamen heraus, eine äußerst monotone Arbeit!

Seit dem 18. Jahrhundert erleichterten Maschinen zur Kornreinigung, die als Windmacher, Kornfege oder Wannenmühle bezeichnet wurden die mühevolle Handarbeit. Es waren längliche Holzkästen, in denen ein Flügelrad von außen her bewegt werden konnte. Dieses Rad sorgte für den Luftzug. Die in einem Trichter eingefüllten Körner fielen dabei in den Zug. Die schweren Körner fielen in einen Kasten unter der Einschüttung, für die leichteren war ein versetzt angebrachter Kasten gedacht. Staub und Spreu flogen nach draußen. Verbesserungen wie der Schüttelsiebmechanismus und die Dreschmaschinen unseres Jahrhunderts ließen dann das Reinigen des Getreides überflüssig werden.

Das »Kräuterfest«

Die Eifel mit ihren zahlreichen Traditionen hat sich bis heute ein besonders schönes Brauchtum bewahrt: Die Segnung der Kräuter am Fest Mariä Himmelfahrt (15. August). Der so genannte »Krautwisch« findet nach der Segnung vielfache Verwendung in Haus und Stall.

Das Fest Mariä Himmelfahrt wurde zuerst am 18. Januar begangen, im Jahre 582 verlegte die Kirche es auf den 15. August. Es ist in der Eifel der »Kroutweschdaach«, in anderen Gegenden wie Luxemburg »Leffraweschdaach«. An diesem Tag werden die gesammelten Kräuter des Jahres in feierlicher Form in der Kirche gesegnet, um sie für die nächsten zwölf Monate in Haus, Scheune, Stall und Tenne zum Schutz gegen Blitz und andere Gefahren aufzuhängen, wie bereits angedeutet wurde. Die Zahl der in den »Wisch« aufgenommenen Kräuter schwankt von Region zu Region. Mancherorts werden sieben, neun, 33 bis hin zu 97 verschiedene Heilpflanzen, Gemüsesorten, Feldblumen und Kräuter genannt. (Warum die Zahl immer ungerade ist, lässt sich nicht ermitteln). In der Westeifel sind es meist 13 bis 19 Arten, von denen folgende genannt werden sollen: Dill, Hartheu, Kornblume, Kamille, Liebstöckel, Knoblauch, Kümmel, Rainfarn, Storchenschnabel, Tausendguldenkraut, Salbei, Wermut. Auf jeden Fall beinhaltet ein »richtiger Krautwisch« fernerhin Nutzpflanzen aus Feld und Garten: Gerste und Roggen, Weizen und Hafer, Möhre und Zwiebel, dazu Petersilie, Zitronenmelisse, Lauch. Pfefferminze, Zinnkraut, Wermut, Kornblume, Kornrade, Schafgarbe, Margerite und Meisterwurz sind unabdingbare Bestandteile des »Wischs«.

Nach erfolgter Weihe wurde zumeist die Möhre herausgenommen und den Kindern zu essen gegeben. Die Zwiebel versah man mit einem Kreuzschnitt und hängte sie im

Viehstall auf, um Krankheiten und Seuchen zu verhindern. Die Fruchtähren wurden ausgekörnt und dem Kornvorrat beigemischt, um das tägliche Brot und die künftige Saat zu »segnen«. Der Krautwisch wurde gewöhnlich auf dem Speicher aufgehängt und der vorjährige im Herd verbrannt.

Früher legte man Teile unter das Haupt eines Verstorbenen, nach dem Begräbnis räucherte man die Leichenstube mit dem Rest des Bündels aus. Bei Krankheit und schwerem Leid wurden geweihte Kräuter auf glühende Kohlen gestreut und das kranke Glied zur Heilung darüber gehalten. Diese Beräucherung wurde auch angewandt beim Vieh.

Bei nahendem Gewitter warf man bis in die 60er Jahre in der Westeifel gesegnete Kräuter in das Herdfeuer und betete den Rosenkranz.

In vielen Pfarreien der Eifel gibt es am 15. August Prozessionen zu Ehren der Muttergottes. Besonders bekannt wurde in den letzten Jahren die Schönberger Marienprozession mit einer Messe an der Lourdesgrotte (Belgien). Während vielfach die Anzahl der Gottesdienstangebote wegen Priestermangels zurückgeht, erlebt diese Form der Gottes- und Marienverehrung einen ungeahnten Aufschwung.

Die Gestalt Mariens hat – über die Kräuter hinaus – noch bei weiteren Benennungen in Fauna und Flora Pate gestanden. Nicht nur Pflanzen hat sie ihren Namen gegeben: Marienblümchen, Mariendistel, Mariä Bettstroh u.a., auch Tiere stehen mit Maria namentlich in Verbindung: zum Beispiel der Marienkäfer; die Schwalbe, in germanisch-vorchristlichen Zeiten der Göttin Iduna zugeordnet, gilt als Marien- oder Muttergottesvogel.

Im Brauch des Krautwischs und des »Palmwischs«, der am Palmsonntag gesegnet wird, zeigt der Christ seine Verbundenheit mit der Natur und ihrem Schöpfer. »An Gottes Segen ist alles gelegen« – dieser Spruch zierte auch so manchen Küchenschrank im alten Bauernhaus.

Gebet zur Segnung der Kräuter

Allmächtiger Gott,
du hast Himmel und Erde erschaffen.
Wir Menschen brauchen zum Leben,
was die Erde hervorbringt.
Ihre Gaben und Kräfte
dienen uns auch zur Heilung.
Viele ihrer Pflanzen sind uns Arznei.
Segne daher diese Kräuter und Früchte,
die wir zum Fest der Aufnahme Mariens
gesammelt haben.
Heile, was krank ist.
Richte, was darniederliegt.
Schenke uns die Vollendung,
die du Maria gegeben hast.
Darum bitten wir dich
durch Jesus Christus, unseren Herrn.
Amen

Gebet zum Kräuterfest

Gott, uns Vater und Mutter,
du hast uns eine Fülle von Pflanzen geschenkt.
Sie machen uns Freude, sie schenken uns Nahrung.
Einige sind richtige Heilkräuter:
sie helfen uns gesund zu bleiben,
sie helfen uns gesund zu werden.
Segne diese Kräuter,
die wir zu diesem Marienfest gepflückt haben.
Allen Menschen sollen sie helfen gesund zu bleiben.
Jedem kranken Menschen, der sie braucht, sollen sie
Arznei sein.
Wir danken dir für alle Heilkräuter.

Allgemeines über Bauernregeln:

Eine Bauernregel ist eine überlieferte, auf regionaler Erfahrung beruhende, einfache Wetterregel.

1. Zu Mariä Himmelfahrt, das wisse,
   gibt es schon die ersten guten Nüsse!«
2. Scheint auch nach Mariä Himmelfahrt die Sonne
   heiß nach ihrer Art,
   so freuen sich des Winzers Reben,
   einen guten Wein zu geben
3. »Mariä Himmelfahrt Sonnenschein
   bringt meistens uns viel guten Wein.«
4. Hat unsere Frau gut' Wetter,
   wenn sie 'gen Himmel fährt,
   sie gewiss auch guten Wein beschert.
5. Wie das Wetter am Himmelfahrtstag,
   so es noch zwei Wochen bleiben mag.

Die gute Knolle

Gelebt haben die Eifeler früher ausschließlich vom Getreideanbau. In alten Unterlagen findet man fast immer die Berufsbezeichnung »Ackerer«. Angebaut wurden zunächst nur Buchweizen (»well Kur«), Hafer und Gerste, später folgte Roggen. Bis etwa 1920 wurde das Getreide mit einem Dreschflegel ausgeschlagen. Auf dem Boden in der Scheune lag ein Tuch zur Aufnahme der Körner. Später wurde der Dreschflegel von einem so genannten Jöbel ersetzt. Ein Zugtier ging im Kreis und trieb dieses »mechanische Gerät« an. Dabei drückte ein Zahnkranz die Körner aus den Ähren. In einem speziellen Korb wurde das Getreide draußen hochgeworfen und der Wind trennte die Körner von der Spreu.

Viele Familien hatten zudem Schafe, Ziegen und Schweine. Für jedes Dorf wurden die so genannten Weidgänge von den Landesherren festgelegt, die von den Ackerern genau eingehalten werden mussten. Sie durften dann ihr Vieh in den Wald treiben und das spärliche Gras fressen lassen. Im Herbst trieben sie ihre Schweine in den Eichenwald, damit diese sich von den Eicheln ernährten. Vorher mussten sie dem Förster die Stückzahlen ihres Viehs nennen. Fand der Förster ein nicht angemeldetes Tier, wurde es sofort konfisziert und der Ackerer musste mit schweren Strafen rechnen. Selbst die Entnahme von Moos zum Abdichten der Häuser musste vorher angemeldet werden. Auch hierfür mussten die Ackerer Abgaben an die jeweiligen Landesherren entrichten.

Erst später erfolgte die Einführung der Kartoffel in Europa. Wahrscheinlich gab es zwei voneinander unabhängige Zeitpunkte. Der erste Transport erfolgte nach Spanien gegen 1570 und der zweite nach England gegen

1590. Der Kontinent, aus dem die »gute Knolle« nach Europa kam, war Südamerika, wo es mehr als 200 botanische Arten von Kartoffeln gibt.

In die Eifel zog die Kartoffel erst rund 200 Jahre später. Etwa 1765 wurden erste Kartoffeln angepflanzt. Ein klarer Quellennachweis ist nicht vorhanden, aber vermutlich war der Weg in das raue Gebirgsland weit schwieriger als in die norddeutsche Tiefebene oder in das Rheinland.

Die Eifel – ein Bierland
Locker ›Sprüch‹

Eifeler Bierlied

Ein Bier, das macht den Durst erst schön,
drum nehmt das Glas und trinket!
Wie herrlich ist es anzusehn',
wenn golden im Glase es blinket!

Refrain:
Wir trinken mit Freuden ein Bier
und stehen vereint an der Theke.
Wir genießen das schäumende Nass,
das der Wirt uns zapft aus dem Fass.

Wir trinken Bier nach Männerart,
wie schön es rinnt durch die Kehle.
Und kommen dabei schön in Fahrt
und öffnen das Herz und die Seele.

Wer je den Durst mit Bier gelöscht,
wird wieder danach streben!
Ein guter Trunk ist niemals schlecht,
drum wollen wir noch einen heben!

*

Mit 30 Jahren stirbt ein Pferd,
das niemals hat ein Glas Bier geleert.

Mit 20 sterben Schaf und Ziegen,
die niemals Schnaps zu trinken kriegen.

Die Kuh trinkt Wasser nie mit Rum,
nach 18 Jahren fällt sie um.

Mit 15 ist das Leben für den Hund schon um,
auch ohne Whiskey, Schnaps und Rum.

Die Katze schleckt nur Milch allein,
sie geht nach 13 Jahren ein.

Das Huhn legt Eier für Likör,
6 Jahre lang – dann lebt's nicht mehr.

Der Mensch trinkt Schnaps, trotz kranker Galle,
und überlebt die Viecher alle.

Damit ist der Beweis erstellt,
dass Alkohol gesund erhält!

Drum lasst uns öfter einen heben,
damit wir alle länger leben!

*

Die Getränke sind frei!

(Melodie: Die Gedanken sind frei)

Die Getränke sind frei,
wir woll'n einen heben.
Wer immer es sei:
Der Spender soll leben!
Man darf nicht vergessen:
Drei Bier sind ein Essen.
Drum Leber verzeih'
Die Getränke sind frei.
Die Getränke sind frei

Und gut für die Nieren.
Drum kommet herbei
Und lasst euch kurieren.
Die Ärzte empfehlen
Für durstige Kehlen
Oft Bier als Arznei.
Die Getränke sind frei!
Die Getränke sind frei,
drum lassen wir's laufen.
Das Gelbe vom Ei
Ist kostenlos Saufen.
Man trinkt ohne Qualen
Und denkt nicht ans Zahlen.
Es bleibet dabei:
Die Getränke sind frei.
Die Getränke sind frei,
das Glas man mir fülle!
Heut' ist es einerlei,
ich sammle Promille.
Heut' spielt's keine Rolle
Und bei der Kontrolle
Sag ich zur Polizei:
»Die Getränke waren frei!«

Die Marke »EIFEL«

Die Eifel – ein Naturraum mit einzigartigem Charakter, bekannt als attraktive Urlaubslandschaft und als Ursprungsregion hochwertiger Produkte.

Mit der Regionalmarke EIFEL ist ein Zeichen geschaffen worden, an dem die Verbraucher besondere Qualität aus der Eifel direkt erkennen können. Dabei symbolisiert das Markenlogo mit gelben »e« vor vierfarbigem Hintergrund die Vielfalt der verschiedenen Qualitätsprodukte aus den vier Bereichen Landwirtschaft, Forstwirtschaft, Handwerk und Tourismus.

Die Regionalmarke EIFEL wird nur dann an Lebensmittel, Holz-Produkte und touristische Dienstleistungen vergeben, wenn eine kontrollierte Qualität und die garantierte Herkunft aus dem Naturraum Eifel für den Verbraucher transparent nachgewiesen werden kann. Strenge Qualitätskriterien und umfassende Kontrollen garantieren aber nicht nur die echte Eifeler Qualität, sondern tragen auch zur nachhaltigen Wirtschaftsweise in der Kulturlandschaft Eifel bei.

Entgegen industrieller Massenproduktion und Billigangebote verfolgt die Regionalmarke EIFEL das Ziel, die qualitätsorientierten klein- und mittelständischen Strukturen in der ländlich geprägten Mittelgebirgsregion zu stärken und damit auch den Erhalt und die Weiterentwicklung der traditionellen Eifeler Kulturlandschaft zu ermöglichen.

Die Markenpräambel verleiht dieser Philosophie Ausdruck. Alle teilnehmenden Produzenten und Dienstleister bekennen sich damit auch zu ihrer Verantwortung gegenüber dem Naturraum Eifel und zu ihrem Versprechen:

Eifel. Qualität ist unsere Natur.

Quelle: Regionalmarke Eifel

Die EIFEL – Ihre Markenprodukte

Ein gutes Zeichen, wenn Geschmack zum Genuss wird

Eifeler Produktfamilie mit garantierter Herkunft und kontrollierter Qualität. Die entsprechenden landwirtschaftlichen Rohstoffe (z.B. Rind-, Schweine- und Lammfleisch, Obst, Getreide, Mehl) für diese veredelten Markenprodukte müssen natürlich ebenso strenge Herkunfts- und Qualitätskriterien der Regionalmarke EIFEL erfüllen. Die bisher definierten Qualitätskriterien aller Produkte können unter der Rubrik Qualitätskriterien eingesehen werden.

Folgende Produkte haben u.a. die umfassenden Herkunfts- und Qualitätskriterien der Regionalmarke EIFEL nachweisbar erfüllt und dürfen damit das Erscheinungsbild und Logo der Regionalmarke EIFEL tragen:

Edelbrände
Eier
Frischwurst
Honig
Käse
Kräuter
Premium-Schinken
Räucherspezialitäten
Streuobst-Apfelsaft
Wein
Wurstspezialitäten

Eine Vielzahl weiterer EIFEL-Produkte stehen in der Entwicklung und werden demnächst am Markt erhältlich sein, so dass Sie auf noch vielfältigere Weise die Lebensart der Eifel genießen können.

Als »Produzent« der Regionalmarke EIFEL werden alle Erzeuger und Weiterverarbeiter von land- und forstwirtschaftlichen Produkten gesehen, die mindestens folgende Voraussetzungen erfüllen:

Gültiger Markennutzungsvertrag
Gültige Markennutzungsordnung
Markenpräambel

Produkte werden nach Qualitätskriterien der Marke EIFEL hergestellt Kontrollen externer Prüfinstitute werden jährlich nachgewiesen Produktverpackungen und Werbematerialien werden anhand der vorgegebenen Gestaltungsrichtlinien (Styleguide) der Regionalmarke EIFEL GmbH erstellt.

Quelle: Regionalmarke Eifel

Eifeler Apfel-Spezialität: Viez

Woher hat der Viez seinen Namen? Das Wort Viez stammt aus dem Lateinischen von vize also an Stelle von, so die gängigste Erklärung. Begründung: Viez diente dem Volk als Weinersatz. Einen Beleg dafür gibt es allerdings nicht. Auch das lateinische vetus wird als Ursprung angeführt. Es bedeutet übersetzt alt und würde damit einen Gegensatz zum mustum, dem jungen Most, darstellen. Der Sprachwissenschaftler Johannes Kramer spricht sich aber für das lateinische faex als Ursprung des Viez aus. Faex bezeichnete zunächst die Weinhefe, dann den aus Weinhefe mittels Aufgusses hergestellten minderwertigen Wein, dann minderwertigen Wein allgemein und schließlich Obstwein.

Kelter: Das Wort Kelter kommt vom lateinischen calcatorium = Fußtretung. Calcatorium (von calcare) bezeichnet das Behältnis, in welchem den Trauben durch Austreten mit den Füßen der Saft entzogen wurde. Grundsätzlich kann Viez aus jedem Apfel hergestellt werden. Je nach Sorte variiert aber der Geschmack. Während Tafeläpfel zwar angenehm im Verzehr sind, sind typische Mostäpfel säuerlicher, eher klein und haben harte Schalen. Verbreitet zur Viezherstellung in der Region Trier sind Holzäpfel wie beispielsweise der Porzenapfel sowie der rote und weiße Trierer Weinapfel. Reiner Birnenviez wird kaum noch produziert, ihm wird eine stark abführende Wirkung nachgesagt. Es gibt aber nach wie vor Viezproduzenten, die den Äpfeln einen Teil Birnen zusetzen. Die französische Bezeichnung für Apfelwein ist Cidre. Die moussierenden Apfelweine, vor allem aus der Normandie, werden aus verschiedenen Apfelsorten vergoren. In Hessen ist es der Äbbelwoi.

Gärung macht Traubensaft zu Wein oder Apfelmost zum Viez. Gärung ist ein biochemischer Prozess, bei dem Zucker angeregt durch Hefen in Alkohol umgewandelt wird. Je weniger Zucker im Most vorhanden ist, desto schneller läuft die Gärung. Beim Viez dauert sie zwischen drei und sechs Wochen. Im Herbst produzierter Most ist daher zumeist Ende November, Anfang Dezember trinkfertig. Während in Süddeutschland Most teilweise gleichbedeutend mit Apfelwein ist, ist mit Most in hiesigen Breiten das Ausgangsprodukt des Viezes gemeint, also der aus den Äpfeln gepresste Saft. Erst wenn der Most vergoren ist, wird er zum Viez. Der Zuckergehalt der bei der Viezherstellung verwendeten Äpfel bestimmt den Alkoholgehalt. Denn die Gärung des Viezes ist nichts anderes als Umwandlung von Zucker in Alkohol. Im frisch gepressten Most liegt der Zuckergehalt zwischen 9 und 19 Gramm pro Liter (40 bis 80 Grad Oechsle), nach der Gärung bleiben noch zwei bis vier Gramm übrig – ein Grund, warum der Viez als für Diabetiker geeignetes Getränk gilt. Im Viez enthalten sind die Vitamine A, B1, B2 und C – daher gilt der Apfelwein als (vergleichsweise) gesundes Getränk. Der Anteil der Vitamine variiert von Apfelsorte zu Apfelsorte. Beim Hobby-Viez-Produzenten reichen die natürlichen Hefen im Apfel, um den Gärprozess in Gang zu setzen. Profi-Viez-Bauern setzen, genau wie Winzer, spezielle Hefen zu (im Weinbau gibt es über 100 verschiedene Arten), die die Gärung beschleunigen. Die Hefe setzt sich während der Gärung im Viezfass ab. Wenn der Viez vergoren ist, wird er »von der Hefe genommen«, die Hefe also aus dem Fass entfernt.

Quelle: Eifeler Scheunencafe, Gillenfeld

Fastenessen in der katholischen Eifel

Heutzutage ist das Fasten eng mit dem Verzicht auf verschiedene Genuss- und Konsumgüter verbunden. Dass das Fasten in den vergangenen Jahrhunderten gar nicht so entbehrungsreich war, zeigen verschiedene traditionelle Fastenspeisen.

Seit Papst Gregor I. den Verzehr von warmblütigem Fleisch verboten hatte, war Fisch ein beliebter Fleischersatz. Doch vor allem im Landesinneren und in Gegenden ohne große Fischbestände in Seen oder Flüssen war Fisch sehr teuer und auch schwer zu beschaffen. Die Klöster legten deshalb oftmals eigene Fischteiche mit Karpfen, Forellen und Hechten an, um den Bedarf an frischem Fisch zu sichern.

Fisch ist auch heute noch eine der traditionellen Fastenspeisen, da er reich an Eiweiß und kalorienarm ist. In vielen Gegenden wird freitags und vor allem an Aschermittwoch und Karfreitag als strengen Fastentagen Fisch gegessen.

Die Fastenbrezel hat ihren Ursprung im süddeutschen Raum. Im Mittelalter wurden Brezeln wegen der aufwendigen Herstellung nur während der Fastenzeit gebacken. Diese spezielle Form der Brezel wird vor dem Backen nicht in Natronlauge, sondern in heißes Wasser getaucht.

Die Fastenbrezel symbolisiert mit ihren verschlungenen »Ärmchen« die verschränkten Arme betender Mönche, ihr Name leitet sich vom lateinischen Wort »brachium« (Arme) ab. Von Aschermittwoch an wurden die Fastenbrezeln in Klöstern an Arme und Kinder verschenkt.

Aus heutiger Sicht eher ungewöhnlich, aber seit dem Mittelalter gehören deftige und süße Mehlspeisen zu den traditionellen Fastenspeisen. Gehaltvolle

Speisen wie süße Dampfnudeln oder sättigende Suppen mit Einlagen sollten den Kalorienbedarf von Bauern und Handwerkern decken.

Alter Lichtmess-Brauch: Gesindewechsel

Das Tageslicht soll gegenüber dem Zeitpunkt der Wintersonnwende, also der längsten Nacht am 22. Dezember, »an Weihnachten um einen Hahnentritt, an Neujahr um einen Menschenschritt, an Dreikönig um einen Hirschsprung und an Lichtmess um eine ganze Stunde länger sein« – so sagt es der Eifeler Volksmund.

Mit dem Lichtmesstag am 2. Februar begann das »Bauernjahr«: Von nun an konnte je nach den wetterbedingten Umständen die Feldarbeit wieder aufgenommen werden. Für die Eifel galt das nicht, hier war »Sankt Gertraud (17. März) die erste »Frühlingsbraut«.

An Lichtmess endete das »Dienstboten- und Knechtsjahr«: Das Gesinde bekam den Rest seines Jahreslohnes ausbezahlt und konnte – oder musste – sich eine neue Dienststelle suchen, oder das Arbeitsverhältnis beim alten Dienstherrn, üblicherweise durch Handschlag, um ein weiteres Jahr verlängern.

Ein volksfrommer Brauch in der Eifel bestand darin, dass man das Wachs gesegneter Kerzen am Lichtmesstag über den Pflug und andere landwirtschaftliche Geräte träufelte, um den Segen für die »Scholle« und die Fruchtbarkeit der Felder zu erbitten. Auch wurde ein Teil des Wachses über dem Hauseingang am Sturz befestigt, um Schaden abzuwenden.

Wachs, Palmzweig, Krautwisch und weitere religiöse Symbole waren bei den Menschen besonders beliebt, weil sie als gesegnete Gaben stets dem Schutz von Mensch, Vieh und Haus dienlich waren. Wachs verzehrte sich von selbst, Zweige und Wisch wurden in Notlagen oder bei Hagelschlag und Gewitter dem Feuer im Herd anvertraut.

All‘ Vieh macht Mist

Nach mittelalterlichen Quellen war die Schweinezucht der wichtigste Zweig der Viehwirtschaft. Fast jeder Bauer beschäftigte sich mit der Zucht. Die Deckung des häuslichen Fleischbedarfs und ein gewinnbringender Handel war das Ziel der Schweinezucht. Besonders bei den kleinen mittelbäuerlichen Betrieben spielte sie eine große Rolle, da Haltung und Fütterung billig waren. Sechs bis neun Wochen alte Ferkel wurden von hausierenden Händlern aufgekauft und im »Niederland« (Niederrheingebiet) abgesetzt.

Am besten gedieh die große, hochbeinige, langhaarige Landrasse, das Eifeler Landschwein. Schweinefleisch war in der Eifel äußerst beliebt, was folgende Zahlen belegen: Im Altkreis Prüm gab es im Jahre 1828 4.998, im Jahre 1911 schon 15.142 und 1958 insgesamt 28.018 Stück Schweine.

Bis in das 19. Jahrhundert war in der Eifel die Waldmästung üblich. Schweinehirten, die von der Gemeinde eingestellt waren, hüteten die Tiere und führten sie durch die Wälder, wo sie sich von den ölhaltigen, nahrhaften Bucheckern, Eicheln, Wurzeln und Bodeninsekten ernährten. Ihre Widerstandskraft war so groß, dass sie den ganzen Winter im Wald bleiben konnten und dem Eifelwinter trotzten. Die Waldgröße wurde nach der Zahl der zu mästenden Schweine angegeben. Seit den mittelalterlichen Rodungen ging die Waldweide immer mehr zurück, stattdessen setzte sich die Stallhaltung durch. Durch die Intensivierung des Kartoffel- und Getreideanbaus war eine gute Vorbedingung für eine Stallmast gegeben. Getreideschrot, Kleie, Magermilch und gekochte Kartoffeln standen nunmehr auf dem Speiseplan der Tiere.

Mit fortschreitender Erweiterung der Ödländereien wurde in zunehmendem Maße die auf Fleisch und Wolle gerichtete Schafzucht ein wichtiger Zweig der Viehhaltung. Caesarius erwähnt bereits 1222 für das westliche Eifelland große Schafherden. Im 14. Jahrhundert erlebte die Schafzucht – zumeist war es die Schwarzkopf-Schafrasse – eine Blütezeit, worauf die ständig herrschenden Streitereien um das Weiderecht hinweisen.

Jedes Dorf hatte mehrere große Herden von 200 bis 500 Stück, die auf Brachweiden, Trockenrasen und Heideflächen ausreichend Weide vorfanden. Der an Schafen reichste Eifelkreis war der Kreis Prüm mit 54.000 Tieren im Jahre 1828. Hier waren es einzelne Schafe in den bäuerlichen Betrieben, aber auch einige Großherden, die die Ödländereien der weiten Umgebung abgrasten. Der Schäferhirt führte dabei seinen Karren mit, in dem er übernachtete.

Mit der Intensivierung der Landwirtschaft, insbesondere mit der Nutzbarmachung brachliegender Ödländer sowie einsetzender Aufforstungen, wurde den Schafen größtenteils die Weidegrundlage entzogen. Der Verfall der Wollpreise tat ein Übriges. 1958 gab es im Altkreis Prüm nur noch 1.827 Tiere. Vergeblich versuchte man durch Einführung neuer veredelter Rassen den Rückgang aufzuhalten.

In gleicher Weise, wie die Schafzucht zurückging, entfaltete sich die Rindviehhaltung. Als Rasse herrschte weitgehend das einfarbige Glan-Donnersberger Höhenvieh vor, das Mitte des 19. Jahrhunderts aus der Pfalz eingeführt worden war. Das Höhenrind der Glan-Rasse war genügsam, legte weite Strecken als Zugvieh zurück und überwand die Steigungen an den Eifeler Bergen. Trotz oft mangelnder Pflege und mittelmäßiger Ernährung erreichte es eine gute Milch- und Fettleistung. Für den Kleinbesitz war es neben dem Milchlieferanten ein wichtiges Arbeitstier, da es hier kaum Pferdegespanne gab. Kleine Betriebsgrößen, kleine Parzellen, große Höhenunterschiede, die bergigen Wiesen und die Nebenerwerbstätigkeiten der Kleinbauern waren die Ursache für die starke Verwendung der Kuh als Zugtier. Pferde- und Kuhanspannung wurden ergänzt durch Ochsen, die als Zugochsen im eigenen Betrieb aufgezogen werden konnten und nach der Mästung in den Wintermonaten einen guten Fleischpreis abgaben.

Die Aufzucht war ein wichtiges Ziel des Bauern, die Mästung dagegen untergeordnet. Die Aufzucht von Jungvieh erwies sich in allen Teilen der Eifel als rentabel, besonders in den Grünlandgebieten der Nord- und Zentraleifel. Besondere Förderung erfuhr die Viehzucht durch den Staat und landwirtschaftliche Vereine. Seit den 50er Jahren ist die Milchverwertung mehr und mehr das Ziel der Eifelbauern, was zu einer Änderung der Zuchtausrichtung zum rotbunten Niederungsvieh führte. In den 90er Jahren des letzten Jahrhunderts erfolgten die ersten Molkereigründungen.

Die Pferdezucht kann in der Eifel auf eine große Vergangenheit zurückblicken. Die Größe der landwirtschaftlichen Nutzflächen machte Pferde als Zugtiere unentbehrlich. Allgemein eingeführt war das rheinisch-belgische Kaltblut, eine Kreuzung zwischen dem Eifeler Landpferd mit der belgischen Rasse. Die Pferdedichte war dort besonders groß, wo schwere Tonböden ein zugkräftiges, ausdauerndes Tier verlangten. Leichtere Sandböden ermöglichten die Einführung des norwegischen Fjordpferdes und des Oldenburger Landblutpferdes, die futtergenügsam, aber leistungsfähig waren. Darüber hinaus waren sie nicht so schwerfällig, sondern »gängiger« und beweglicher in den Bergregionen. Mit der fortgeschrittenen Technisierung und Automatisierung in der Landwirtschaft ging der Bedarf an Pferden rasant zurück.

Als »Kuh des kleinen Mannes« war die Ziege besonders in solchen Dörfern beliebt, wo Handwerker, Arbeiter und Tagelöhner wohnten und für den Eigenbedarf Milch und Fleisch benötigten. Vielfach hielt man auch Ziegen zur Aufzucht der Ferkel durch die vorzügliche Milch. Deutsche und Schweizer Edel- und Saanenziegen gewährleisteten den besten Erfolg.

Geflügel, besonders Hühner, kannte jeder Bauernhof. Die Eiererträge waren jedoch immer gering, wohl weil die Vorkenntnisse bezüglich der Züchtung und Haltung fehlten. Gewisse Hühnerarten dienten zur Mast, wie das Minorka-Huhn. Auf größeren Gehöften hielt man Truthühner zum Ausbrüten der Hühnereier, Enten und Gänse fand man vor allem an wasserreichen Stellen; so hatten die Müller verstärkt dieses Federvieh, wohl auch wegen der Abfälle an Korn, Kleie und Schrot.

Die Verbreitung der Bienenzucht war nur sehr begrenzt. Vielerorts fehlten die Voraussetzungen: Heide und Ödland, der rötlich blühende Buchweizen ließen nur eine schlechte Tracht erwarten. Einen Ausgleich schuf man teils durch den Anbau verschiedener Kleearten wie Steinklee oder Esparsette. Eisenbahndämme, Obststreuwiesen und Lindenbäume boten nur unzureichende Möglichkeiten für eine gute Bienenweide. Bienenzuchtvereine schufen genauso wie Geflügelzuchtstationen nur vorübergehend eine Verbesserung der Lage.

An Klöstern und Burgen gab es seit frühester Zeit die Fischzucht. Zahlreiche Gewässer der Eifel boten hierfür eine günstige Voraussetzung. Gewerblich – als Zubrot – waren es vor allem Müller, die sich dieser Aufgabe widmeten. Vorzugweise wurden Forellen gezüchtet, die man an Krankenanstalten, Kur- und Wirtshäuser verkaufte.

Abschließend kann man feststellen, dass der Bauer alles für sein Vieh tat. »Erst die Tiere, dann die Familie« – dieser Ausspruch verrät viel über das Denken. Für den Schutz, die Pflege und die gesunde Fütterung wandte der Landmann viel Zeit auf. Zahlreiche Brauchhandlungen, die hier nicht erwähnt werden können, dienen dem Anliegen, dem Vieh Schutz zu bieten vor Anfeindungen, vor Blitz und Krankheit. Auch abergläubische Abwehrmaßnahmen hatten immer ihren Platz im Stall und auf der Weide. Religiöse Elemente wie das Anbringen von Palm- und Kräuterzweigen, das Beträufeln mit Lichtmesswachs oder Tiersegnungen (besonders Pferdesegnungen sind heute wieder »in«) spielten eine wichtige Rolle. Das Vieh war nicht nur die Existenzgrundlage, sondern auch »Kamerad und Freund«, wie es ein Bauer ausdrückte. Diese Haltung konnte man im Alltag spüren, wenn etwa die Kühe gebürstet wurden, um das Fell zu glätten und Ungeziefer zu entfernen.

Ein Festessen anno 1597 aus Trier – Schlemmerei pur!

Einen guten Einblick in eine »mittelalterliche Schlemmerei« gewährt das Stadtarchiv in Trier, das über ein dreitägiges Festessen einen Nachweis bereithält. Anlass im Jahre 1597 war die Wahl des Trierer Bürgermeisters Cornelius Schott, der im Anschluss an seine Einführung mit den Ratsmitgliedern feierte.

Die Aufzeichnungen zeigen, welche Vielfalt an Speisen und Mengen an Lebensmitteln den Herren gereicht wurden. So wurden geliefert:

- An Fleisch: 191 Pfund Rindfleisch, davon 47 Pfund für den Pastetenbäcker, das Übrige wurde verkocht / 48 Pfund Hammelrümpfe für Pasteten / 5 ganze Hämmel / 88 Pfund Schinken / 150 Pfund Kälberfleisch
- An Wild: ein Bock / zwei Hasen
- An Geflügel: 49 Hähne / 7 Hühner / 3 Kapaunen / 9 Gänse / 4 Enten / 11 Bündel Vögel und Wachteln
- An Fischen: 66 Forellen / 7 Aale/ 1 Salm / viele Grundeln (kleine Stachelflosser) / 250 Krebse
- An Gemüse: Artischocken / Erbsenschoten / Rettiche / Zwiebeln
- An Käse: 3 Limburger / 16 Pfund holländischer Käse
- An Obst: 3 »Pomeranzen« (Apfelsinen) / Kirschen / Äpfel / Himbeeren / zusätzlich Haselnüsse
- An Gebäck: Brote (ohne Zahl) / 29 Butterwecken / 15 »Eierkäse« (Torten)
- An Fetten: Schweineschmalz / Butter / Erbsenspeck / Spickspeck

- An Gewürzen: Rosmarin / Majoran / Senf / Kapern / Korinthen / Honig / Nussöl
- An Getränken: 1.220 Liter Wein / 112,5 Liter Bier.

Auch einen interessanten Aufschluss über die Kosten der dreitägigen Schlemmerei gibt die Trierer Quelle: Einschließlich der Personalkosten für die vier Köche, zwei Pastetenbäcker und die Bedienungen beliefen sich die Gesamtkosten auf 280 Gulden.[1]

Leider gibt es keine Angaben über die Zahl der Anwesenden. Man vermutet etwa 50 Personen.

---

1 »Der heutige Materialwert für 280 Dukaten / Florentiner Gulden (Gold) – unter der Annahme, es seien 990,36 Gramm reines Gold verwendet worden (was wahrscheinlich eher selten so war) – beträgt etwa 54.777,00 €. Die Kaufkraft im Mittelalter lag jedoch entscheidend höher und entsprach nach heutigen Maßstäben ungefähr 164.330,00 €.« – https://www.mittelalterrechner.de/

Ein Schnäpschen in Ehren …

(… kann keiner verwehren)

In der Eifel wurde und wird viel Schnaps produziert. Früher fehlte er in keinem Bauernhaus, meist wurde auch dort gebrannt, weil es viele Streuobstwiesen gab. Heute ist die Eifel spezialisiert – einige Brennereien kreieren meist hochwertige Produkte bis hin zu Edelschnäpsen und -likören.

Folgende Sorten sind beliebt:

Obstbrände: Schlehe, Obstler (Apfel/Birne), Zwetschge, Nellsches Birne, Kirsch, Mirabelle, Williams Christ Birne, Kräuter, Holunder, Wiesenapfel, Waldhimbeere

Liköre: Quitte, Honig, Pfirsich, Schlehe, Himbeere, Pflaume, Sauerkirsch, Johannisbeere, Gewürz, Kräuter, Sahne-Himbeer, Kaffee-Böhnchen

An Imbissen gereicht wird in den Gasthäusern zu einer Schnapsprobe oftmals:

Griebenschmalz mit Brot, Hausteller mit verschiedenen Wurstsorten und Schinken sowie einer Brotauswahl, Käseteller, Saftschinken mit dicken Bohnen und diverse Brotsorten.

Aal Döppen

Früher ging das häusliche Kochen in der »Kech« vonstatten. Diese Alt-Eifeler Küche war der erste Raum, den man gleich von der Haustüre kommend betrat. Der rußgeschwärzte Raum hatte zuerst nur einen Lehmboden, später war er mit dicken Sandsteinplatten ausgestattet. Die offene Feuerstelle befand sich immer in einer Ecke, denn von hier führte der Kamin gleich nach oben durch die Decke. Bis etwa 1880 kannte man in allen Bauernhäusern diesen »Hoarscht«, unter dem auf der Erde das Feuer entzündet wurde.

Die »Hoal«, eine gezahnte »Nase«, hielt die Kessel über der Feuerstelle. Später wurden kleinere Herde gemauert, so dass der Kochvorgang etwa in Höhe eines Tisches vonstattengehen konnte. Der aus Backsteinen gemauerte Herd wurde nur mit Holz beheizt, besaß auch keinen Backofen. Abgedeckt war er mit Eisenplatten. In eine Nische wurde der Wasserbehälter eingelassen, so dass stets warmes Wasser verfügbar war. Etwa um die Jahrhundertwende (1900) wurde der gemauerte Ofen durch einen Eisenherd ersetzt, der auf vier niedrigen Füßen stand. In Luxemburg und in der Südeifel wurde dieser Herd auch »Kochmaschin« genannt. Die eingelassenen Herdringe in der Platte konnte man je nach Größe der Töpfe abnehmen – somit wurde auch weiterhin auf offenem Feuer gekocht. Es roch oft verbrannt, weil die Topfböden verrußt waren und die Reste von übergekochten Speisen nur abgeschabt wurden. Das offene Herdfeuer blieb weiterhin in Funktion: Hier wurden Kartoffeln für Schweine gekocht. Auch über diesem neuen Herd befand sich noch der offene Schornstein, in dem Würste und Schinken geräuchert wurden.

Die Küchentöpfe waren allesamt – bis in die 50er Jahre des letzten Jahrhunderts – aus Eisen. Zum Kochen von Kartoffeln, Gemüse und Suppen benutzte die Hausfrau runde Töpfe, für den Braten gab es eigens ovale oder längliche. Die Kartoffeln wurden im »Grompersdöppen«, das Sauerkraut im »Kaapesdöppen« gekocht, die nur diesem Zweck dienten. Der beliebte »Döppekoochen« aus Kartoffeln und geräuchertem Bauch sowie einer Vielzahl von Gewürzen wurde stets im Backofen in einem meist ovalen Topf gebacken. Der eiserne Milchtopf, das »Mellichdöppen« war leichter als die üblichen Töpfe. In die Herdplatte wurde früher ein runder Rahmen eingesetzt, in den das Waffeleisen eingelassen werden konnte. Das Eisen konnte gedreht werden, so dass auf offenem Feuer knusprige Hausmannswaffeln gebacken werden konnten. Die Waffeln hatten die Form von fünf Herzen oder zwei Rechtecken.

An der Wand – in unmittelbarer Nähe zum Herd – hingen eine kleine und eine große Pfanne aus Eisen. Die »jruss Pann« hatte einen sehr langen Stiel, der ohne Holzschutz am Griff war. Ferner gab es im Haus einen Schaumlöffel, einen Suppenlöffel aus Blech oder Messing, »Boll« genannt, ein großes Sieb, »Seih« genannt, eine große Fleischgabel, einen Kartoffelstampfer, »Tinkert« genannt, mehrere Holzlöffel und einen Schneebesen. In den größeren Bauernhäusern existierte noch die »Wurstmaschin« – so nannte man früher den Fleischwolf.

Zur Küchenausstattung gehörte ein massiver Tisch, meist mit einer »Mol«. Das war eine rundliche Wanne unterhalb der Tischplatte, wo der Sauerteig für den nächsten Backvorgang aufbewahrt wurde. Um den Tisch standen zwei bis drei Stühle, an der Längsseite stand der Küchenschrank, »Scharef« genannt. In ihm wurden das Essgeschirr, Gläser, Tassen und Besteck aufbewahrt. Auf einer offenen Kannenbank wurden Töpfe, Kannen und größere Behälter für Essig, Öl und Milch aufgereiht. Die

Gewürze befanden sich in kleinen Schubladen, die in ein hölzernes Fach eingeschoben werden konnten.

Außerhalb des Hauses befand sich der Brunnen, »Petz« genannt, auf dem eine Wasserpumpe angebracht war. In Holzeimern wurde das Wasser in die Küche geschleppt. Weitere Eimer bestanden aus Zink. Gespült wurde innerhalb des Hauses in einem aus Sandstein gehauenen Spülstein. Der Spüllappen diente zum Abtrocknen und hing stets wie andere Tücher auch auf einem Rohr, das rund um den Herd verlief. Feste Speisereste wurden zusätzlich mit Sand und einem kleinen Besen abgerieben. Da es bis zum 2. Weltkrieg keine Spülmittel gab, setzte sich auf Dauer das Fett an den Töpfen ab, wurde abgeschabt und an die Schweine verfüttert. Das Spülwasser hatte einen Abfluss nach draußen und lief durch eine Öffnung gleich in die Straßenrinne.

Alle Abfälle, Reste, manchmal auch das »dicke« Spülwasser wurden in einem steinernen Behälter gesammelt, der unter dem Spülstein stand. War der Bottich gefüllt, wurde er mit Hilfe einer »Schweinsboll« entleert und der Inhalt im Stall verfüttert.

Der Ernte ganze Fülle

Wie am Gertrudistag im Frühjahr ist im Herbst der Michelstag eine bedeutende Zeitenscheide. In der Eifel wurden bis in die 50er Jahre am Vorabend des »Mechelsdaaches« auf den Höhen Bergfeuer entzündet, verschiedentlich auch Feuerräder zu Tal gerollt. Zuvor sammelte die Dorfjugend Stroh und Reisig unter Singen von Heischeliedern bei den Dorfbauern. »Jet uus jett firr et Mechelsfeier«, »Jett uus en Bird Strieh«, »Jett uus en ahle Kuref, en ahle Bäsem«, lauteten die Gesänge der Jugend.

Von diesem Tag an herrschte Weidefreiheit auf allen Wiesen. Zäune wurden aufgelöst, die Arbeit der Kuhjungen war vorbei. Letzte Wiesen- und Ränderflächen konnten nun ungehindert angegangen werden.

Auch war der Michelstag ein wichtiger Los- und Fälligkeitstag. So mussten zu diesem Termin Pachtzinsen entrichtet werden. »Der Michelsdaach de Pächter schrekke mat«, hieß es im Volksmund. Das Wetter an diesem Tag war bestimmend für die weitere Witterung, ihm wurde hohe Bedeutung beigemessen.

Von nun an kehrte in der Eifel der Herbst ein. Es kam die Zeit der Obsternte, an Ahr und Mosel der Weinlese. Im Mittelpunkt der Bemühungen stand die Sorge um die Kartoffeln, dem Grundnahrungsmittel der Menschen hier. Aber Birnen, Äpfel und Quetschen waren höchst beliebt, brannte man hieraus doch den geschätzten Schnaps, kochte Mus, Gelee oder trocknete die Früchte nach dem Backen der Brote im »Bakes«.

In diese Herbstzeit mit ihrem Segen und den vielfältigen Gaben der Natur fielen zahlreiche Kirmesfeiern zwischen dem Michels- und Martinstag. Bereits in vorchristlicher Zeit feierte man der Fruchtbarkeit dienende Opfer- und Dankfeste, wobei der üppige Verzehr von

Obst, Wein und Schnaps im Mittelpunkt stand. An die Stelle der Opferfeste wurden nunmehr kirchliche Feiern gesetzt, allen voran der Kirchweihtag oder das Patronatsfest eines Heiligen. Der Dank für die Ernte des Jahres rückte an die Stelle heidnischer Opferfeiern.

Kirmesfeste, verbunden mit feierlichen Hochämtern und Ernteumzügen, waren in der Eifel seit ehedem große Familienbegegnungen, Sippenfeste. Wie bei einer Hochzeit wurde gebacken: Weck, Kränze, Streuselkuchen. »Knepplatz un Bretzeln, on alles, wat jot schmaat« – so lautete ein Monschauer Kirmesliedchen.

Hauptmahlzeit an den drei Kirmestagen war das Mittagsessen am Sonntag nach dem feierlichen Hochamt. Übliche Kirmesspeisen waren früher fette Brühe mit gehacktem Hammel- oder Kalbfleisch, die »Zos«, weiterhin Weißbrei mit Zucker und Eidotter. Ein köstlicher Bauernspruch ist uns aus der Westeifel überliefert:

»Frau, dou hass decker jehurt, Maan un Weif sen eene Leif, daan ärßen ech de Breij matt firr dech!« (»Frau, du hast öfter gehört, Mann und Frau sind ein Leib, dann esse ich den Brei mit für dich!«). Eine beliebte Kirmesspeise war in der Eifel das Sauerragout: Gehacktes mit Zwetschgen und Reis.

Den Nachmittag verbrachte die große Kirmesgesellschaft – nicht selten waren es über 100 Leute – mit Kaffee und Kuchen, Fladen, Gebäck und Schnaps und »Steckelcher und Verzellcher von anno Tuback«. Man erzählte von früher, Sagen und Gruselgeschichten, Witze und »Tratsch«, dazu gesellten sich Karten- und Dill-Dopp-Spiel.

Die Eifeler Herbstkirmessen lassen vermuten, dass der Brauch auf uralten Herbst- und Sippenfesten beruht. Die Bauern wollten nach Abschluss der wichtigen Erntearbeiten und der damit verbundenen Beschaffung aller Wintervorräte ein großes Fest begehen, an dem alle

Familienangehörigen samt Gesinde und Nachbarn teilhaben sollten.

Den kommenden Winter deutete man gern, wie sich das Herbstlaub hielt. »Fällt et Lof mattenee von de Beemen, dann douert den Herest net lang« – es gibt also einen frühen Winter. Anhaltend schöne Tage im Ausgang des Monats Oktober nannte man »Allerhelijesummer«.

Einige Eifelpfarreien tragen das Patrozinium des hl. Remigius. Der Remigiustag hat mit dem Michelstag wesentliche Bräuche gemeinsam. Der Festtag am 1. Oktober war so bedeutend, dass man den ganzen Monat in der Nordeifel »Remeismond« nannte. Er galt als Zahltag für herbstliche Renten und Zinsen. Öfters waren die Pfarrinsassen verpflichtet, an diesem Tag Wachskerzen zu stellen für Pfarrer und Kirche. Als Termin des Schweineeintriebs nennen Eifeler und Luxemburger Weistümer ausdrücklich den Remigiustag.

Das Erntedankfest in seiner heutigen Form ist erst wenige Jahrzehnte alt. In den Jahren des Nationalsozialismus wurde der erste Sonntag im Oktober unter völlig landschaftsfremden Formen auch in der Eifel als Erntedankfest eingeführt. Diese »befohlene« Form konnte naturgemäß nicht heimisch und volkstümlich werden. In den letzten Jahren fand ein kirchliches Erntedankfest Einzug mit Segnung der Früchte und der Brote. Dieser volksfromme Brauch ist auf dem besten Weg, zu einer guten Einrichtung zu werden. Weltliches Beiwerk wie Tanz und historische Umzüge sind stark unter kommerziellen Gesichtspunkten zu betrachten. Aber wo ist dieser Gedanke im Brauchtumsgeschehen heute nicht im Spiel?

Eifeler Sprüche und Redensarten, auf die Erntezeit bezogen:

»Wie der Ägidius sich verhält, so ist der ganze Herbst bestellt.«

»Viele Hände machen schnell ein Ende.«

»Er tut gern fertige Arbeit.«

»Wer im Heu nicht gabelt, in der Ernte nicht zappelt, im Herbst nicht früh aufsteht, der wird sehen, wie es ihm im Winter geht.«

»Mit Putzen und Kehren kann kein Bauer nicht ernähren.«

»Bei der Arbeit ist mir ein Schisser (kleiner Regenguss) lieber als ein Schwätzer.«

»Ein alter Fuhrmann ist ein guter Wegweiser.«

»Leicht geladen ist schnell gefahren.«

»Wer den Halm nicht aufhebt, bekommt nie eine Garbe.«

»Jakobstag regnet es in die Backmulde.«

»An Mariä Himmelfahrt kriegen die Äpfel den Geschmack und die Nüsse den Krach.«

»Bartholomäus verbietet Butter und Käse, den Nachmittagskaffee, Strohhut und Leinenhosen.«

»Jakobus salzt die Äpfel, Laurentius schmalzt sie, Bartholomäus gibt ihnen den Geschmack, Michael tut sie ab.«

»In diesem Jahr regnet es Kartoffeln.«

Und was sagte Wandalbert, der Prümer Dichtermönch vor 1200 Jahren?

»Nun vollendet der Bauer,
was etwa im Monat August bleibt
übrig an Erntegeschäften;
und dann sind geborgen die Früchte.
Doch jetzt nahet die Zeit,
an den Weinberg Wachen zu stellen,
welche den streifenden Dieb
zu hindern vermögen.«

Und:

»Nicht wird die ärmliche Wicke,
die winzige Linse missachtet,
und in besondere Haufen
man schichtet die einzelnen Früchte.
Nun auch pflückt man vom Baum
das reif gewordene Obst
und fügt's dem genossenen Mahl
hinzu als üblichen Nachtisch.
Setzt zu den schmackhaften Weinen
die liebliche Feige und Pflaume,
etliche Birnen auch noch
und reichliche Mengen von Nüssen …«

Schatztruhe Natur

Am Abend in der Küche vorgelesen

»Grün, grün, grün sind alle meine Kleider, grün, grün, grün ist alles, was ich mag ...« Ein eingängiges Kinderlied und ein passendes Libretto zu meinem Spaziergang durch einen schönen Teil meiner grünen Heimat. Ergänzt wird diese satte Farbe vom strahlenden Glanz des »Eifelgoldes« (Besenginster) und dem zarten Blau-Weiß der »Schäfchen« am Himmel. Auch »Musik« – quasi die Komposition zum Libretto – ist angesagt: die sanfte Melodie der Nachtigall und das zärtliche Plätschern des Baches. Das Summen der Erdhummel und das Gequake der Frösche ergänzen das Naturkonzert. Harmonie pur!

Also – es ist ein spannendes Unterfangen, seine engere Heimat einmal näher »per pedes« zu erkunden. Ich möchte mich bei meiner ersten »Sinneswanderung« festlegen auf den Abschnitt von Lünebach bis Prüm – auf der ehemaligen Eisenbahntrasse und dem heutigen Radweg. Luftlinie sind das gerade mal 10,7 km. Diese Exkursion ist enorm bereichernd, erhebt aber keinen Anspruch auf Wichtigkeit. Hier wird »nur« von Wiesen und Hügeln, Quellen und Bächen, Kleinoden wie Kapellen und Grotten, Feldscheunen und Eisenbahnrelikten die Rede sein.

In Lünebach starte ich auf der »Insel«, dort wo die Prüm einen großen Bogen schlägt und eine herrliche, sehr naturnahe Fläche zum Verweilen freigibt. Beim Gang durch den feinen Ort fällt der Blick auf die Kirche »St. Gertrud«, einen Natursteinbetrieb und die riesige Mühle, die früher von einem Seitenarm der Prüm (»Millendech«) ihren Antrieb erhielt. In östliche Richtung führen Straßen steil hinauf nach Lierfeld über die

»Bölz« sowie zur Finkendell und dem einstigen »Galgenknopp«, einer mittelalterlichen Gerichtsstätte. Auf der Gegenseite grüßt uns der »Tonnenberg« mit stolzen 490 Metern Höhe. Von Osten blubbert »die Lünebach« (mundartlich »Lingebech«) ins Dorf und schließlich in den Hauptfluss Prüm, der übrigens von der Siedlung »Prumia« (heute Stadt Prüm) ihren Namen hat.

Exakt in der Mitte zwischen Lünebach und Pronsfeld gibt es linksseitig einen ersten tiefen Einschnitt in die Hügellandschaft. Der »Bierbach« und der »Waldbierbach« sprudeln quicklebendig zu Tal und schieben der Prüm frisches Wasser zu. Ungern erinnere ich mich hier an den 1. Juni 2018, als die beiden kleinen »Brüder« sich zu einem Ungeheuer entwickelten und für eine große Katastrophe im Eifelzoo sorgten. Inzwischen ist diese Touristenattraktion wieder zu einem Ort der Begegnung von Besuchern geworden, der besonders gerne von Städtern aufgesucht wird.

Ich begleite die Prüm auf ihrem kurvenfreien Weg entgegen ihres Laufs vorbei an Kuhweiden und morschen Weidenbäumen (neuerdings auch von Bibern zu Fall gebracht), niederem Gehölz in moorigem Umfeld und einem stattlichen Lärchenwald. Linksseitig erhebt sich der »Hochberg« bei Pronsfeld, im weiteren Verlauf der »Schleiferberg« und »Hungert« – beides sehr dichte Waldbestände mit viel Laubholz und Rotwild. Doch zuvor überquere ich den Alfbach, der unter einer alten Zugbrücke in die Prüm mündet. Unmittelbar daneben lädt ein Aufstieg zum Aussichtspunkt »Hochberg« ein. Von hier fällt der Blick auf das ehemalige »Eisenbahnerdorf« mit den beiden Remigiuskirchen. In der Ferne in Richtung Schlossheck blinzeln die mächtigen Trockentürme der Großmolkerei »Arla« hervor. Übrigens: der »Schleiferberg« wurde einst »geschliffen«, quasi also gerodet und teils planiert, um Schuttlawinen (Muren) auf die Eisenbahnstrecke zu verhindern. Das gleiche gilt für den Distrikt »Hungert«. Auch der Hochberg wurde hangwärts stabilisiert durch den Anbau von Akazien.

In Pronsfeld passiere ich das hübsche Eisenbahnmuseum, das großflächige Bahngelände mit der alten, pflanzenüberwucherten Rampe und den Wohnmobilstellplatz. Auf dem weiteren Weg nach Pittenbach und Watzerath erheben sich in östlicher Richtung zwei Bergkuppen: der »Fliegenberg« und der »Dellenberg« (500 Meter). Auf der Gegenseite sind es der »Fuchsberg« und der »Weinsfelder Berg« mit dem »Donnerkopf«. In Watzerath staune ich nicht schlecht: ein schmuckes Gemeindehaus (»Prümtal-Forum«), ein Vorplatz mit Wanderhinweisen und kleine Oasen der Ruhe – sehr schön! Das Kapellchen betrete ich nur kurz. Unmittelbar hinter dem »Rosendorf« Weinsfeld, das ich nur streife, beginnt der Distrikt »Auf Helmert« mit den ersten Bleigruben, die einst zum großen Einzugsbereich des Bleialfer Bergbauareals gehörten. Hier befinde ich mich gedanklich schon nicht mehr im Prümtal, sondern im Vorland der Schneifel. An die riesige Autobahnbrücke habe ich mich längst gewöhnt, sie ist kein Störfaktor, im Gegenteil: sie erleichtert dem Schwerverkehr die Arbeit, schont somit die Umwelt und schmälert die Gefahren auf einst kurvigen Nebenstraßen. Von der Schneifel kommend entwässern weitere Bäche in die Prüm: der »Dreisbach« in Pittenbach und der »Mönbach« in Watzerath.

Noch einmal bereichern zwei Fließgewässer die Prüm: von links torkelt plätschernd und kurvig der Mehlenbach heran, von rechts der Rennebach, der unweit von Oberlauch entspringt und dabei den »Hardkopf« und die Hüscheider Berge umspült. Das Prümtal hat sich inzwischen stark geweitet und gibt westwärts bereits den Blick frei auf den Prümer Hausberg, den Kalvarienberg (569 Meter). An den Hängen hinauf zum Krater nebst Kapelle blühen die Schlehen und das beliebte »Eifelgold« (Besenginster). Der schnurgerade Weg nach Niederprüm wird begleitet vom Rauschen des Baches, dem Zischen des Rotmilans in luftiger Höhe und dem Zerren des Windes an den dünnen Ginsterruten. Hof Hauer und die Hauskapelle grüßen mich und ich gelange an den Fuß des Hasenbergs. Nochmals gluckert ein Bächlein talwärts herunter, der »Wenzelbach«, unmittelbar neben einem hohen Schaftkreuz im schattigen Wald unweit der alten Klostermühle.

Ich befinde mich unmittelbar vor dem Stadteingang des »Waldstädtchens Prüm«, den ich geradewegs von Süden angehe. Schon erhebt sich stolz und erhaben die Basilika mit ihren goldglänzenden Türmen vor meinen Augen, die mir immer gehörigen Respekt einflößt ob ihrer Größe und Schönheit. Die »ländlichen« Begegnungen schwinden nun, ich gelange in das Stadtviertel am ehemaligen Bahnhof – Geschäft an Geschäft, unmittelbar in Stadtkernnähe. Im Zentrum der Kleinstadt Prüm erwarten mich ein Besuch der Salvator-Basilika, ein Rundgang um die ehemalige Abtei und ein Café am neugestalteten Hahnplatz. Alles in allem: eine traumhafte Kulisse mitten in Prüms guter Stube.

Meine Exkursion ist beendet. Das Fazit: einzigartige Eindrücke, ein Genuss für alle Sinne und ein Wohlbefinden, mich bei herrlichem Wetter meinem guten Gefühl anvertraut zu haben. Ob das auch bei Eifeler Regenwetter möglich ist? Aber ja! Das wird genauso spannend – wetten? Und: Wanderer kennen kein schlechtes Wetter, nur die Kleidung muss stimmen.

Sprüche aus der Küche

Die Liebe gleicht einem Suppentopf,
drin Hammelfleisch und Knochen.
Wenn du nicht stets das Feuer schürst,
dann hört es auf zu kochen.

Genieße, was dir hier beschieden,
entbehre ganz, was du nicht hast.
Ein jeder Stand hat seinen Frieden,
ein jeder Stand hat seine Last.

Sei zum Geben stets bereit,
miss nicht kläglich deine Gaben.
Denk: In deinem letzten Kleid
wirst du keine Taschen haben.

Etwas das und etwas dies
ist die ganze Kunst.
Nicht zu sauer, nicht zu süß,
bringt's dir reichlich Gunst.
Und was man einst am meisten pries
wird später häufig eitel Dunst.

Braugerste – Hopfen – Wasser

Das einzige Getränk in unserer Region war früher das Wasser. Es wurde mit der Handpumpe aus dem hauseigenen Brunnen in die Küche befördert, wo es in einem Bottich aufbewahrt wurde. Mit der Schöpfkelle trank man es zu allen Gelegenheiten. Auch wurde es in Flaschen gefüllt und »auf die Arbeit« oder ins Feld mitgenommen. Nur selten wurden dem Wasser Zucker, falls vorhanden, oder Essig beigemischt, Natron dagegen öfters. Dieses Brausewasser liebten besonders die Kinder.

Um Bier herzustellen wurde zuerst die Rohgerste (Hafer, Roggen) gereinigt und in Wasser geweicht. Diese Masse wurde zum Keimen gebracht und gedarrt. Dabei entfernte man die Keime, trocknete und röstete die Körner. Das so entstandene Malz wurde sorgfältig geputzt, poliert und gelagert. Dann folgte der Schrotvorgang, anschließend die Erhitzung im Wasser bei etwa 60 Grad. Die so entstandene Maische musste vom Treber (Schalenrückstände) gereinigt werden, ehe der Hopfen hinzugefügt wurde. Diese Mischung kochte der Brauer bis zu zwei Stunden in der Würzpfanne. Die Würze gelangte ins Kühlschiff, wo sie Sauerstoff aufnahm, danach kam sie in den Gärbottich. Mit Hilfe von Hefe wurde die Hauptgärung in Gang gesetzt. Dieses »Jungbier« füllte man in einen Lagertank zur Nachgärung, ehe es in Flaschen gelangte.

»Anerkannt vorzügliches, erfrischendes und bestbekömmliches Bier« wurde noch zu Beginn der 20er Jahre unseres Jahrhunderts in Prüm hergestellt und angeboten. Zuvor hatten bis zu sechs Brauereien das Prümer Land, den Raum St. Vith und Malmedy mit Bier versorgt.

Prüm hatte eine große Brautradition. Die Bierproduktion war jedem gestattet, soweit sie zur Deckung des eigenen Bedarfs diente. Erst wenn das Bier verkauft wurde, war eine »Braugerechtigkeit« notwendig, die der Landesherr erteilte.

Die Prümer Tradition rührte vom mächtigen Benediktinerkloster her, das nachweislich ab dem 8. Jahrhundert Bier braute. Die dem Kloster unterstellten Orte lieferten die nötigen Naturalien wie Roggen, Gerste und Hafer. Einen »Hopfgarten« besaß die Abtei selbst. Anfang des 18. Jahrhunderts übergab das Kloster seine Brauerei an ein Mitglied der Brauereifamilie Biwer, die später den Biermarkt des gesamten Prümer Raumes beherrschte.

Um 1830 zählte man im Regierungsbezirk Trier 200, 1869 in der Rheinprovinz 1961 Brauereien. Landrat Bärsch nennt 1846 vier Brauereien in Prüm, drei Jahre später zehn im Kreis Prüm. Selbst nach der Klosterauflösung im Jahre 1802 arbeitete die Prümer Klosterbrauerei weiter. Ihr Leiter Johann Biwer wird »Brauer und Bierverleger« genannt. Diese Brauerei der Familie Biwer arbeitete ohne Unterbrechung bis zum Ende des Ersten Weltkrieges.

Alle Prümer Brauereien unterhielten eine Gaststätte mit Brauereiausschank. Sie mälzten jedoch nicht selbst, sondern bezogen ihr Braumalz aus der Mälzerei Ganser in Niederprüm. Die Braugerste bezog man vielfach aus dem Rheinland, das Kühleis aus Weihern, die eigens zur Eisgewinnung angelegt waren. Die Biwers hatten zwei Eisweiher in Niederprüm, auf der Langemarck und im Tettenbachtal. Mit Pferdefuhrwerken brachte man das Eis im Winter zu den Eiskellern, wo es für die Kühlung im Sommer gehortet wurde. Einen Felsenkeller gab es nur in der Brauerei Masson in der Tiergartenstraße. Darüber befand sich ein Kühlschiff. Diese Brauerei stellte helles Bier her, das in Fässern zu 30 Litern verkauft wurde.

Als 1906 Leopold Biwer starb, übernahmen die Gebrüder Schulte, die aus Godesberg stammten, diese bedeutendste Prümer Brauerei. Sie nannte sich »Germania-Brauerei« und beschäftigte 18 Personen. Als nach dem Ersten Weltkrieg das heute belgische Absatzgebiet verloren ging und das meiste Leergut verloren war, stellte auch diese Brauerei ihre Arbeit ein.

Branntwein – nur in einigen Regionen hieß er auch Schnaps – fehlte früher in keinem Bauernhaus. Er wurde hauptsächlich aus den gepressten Rückständen des Obstes, dem »Beelich«, hergestellt. In geringeren Mengen wurden auch Schlehen, Korn und Zwetschgen gebrannt. Nach dem Keltern stampfte man die Rückstände in große Fässer ein, so dass die Gärung beginnen konnte. In der Brennerei kochte man den mit Wasser verdünnten »Beelich«. Zwei Brenngänge waren erforderlich: der Grob- und der Feinbrand, »Troof« genannt. Der so gewonnene Branntwein wurde in Korbflaschen oder kleine Fässer verfüllt. Schnaps tranken nur die Männer; bereits am Morgen gab es auf nüchternen Magen »en Trepchen« (ein Tröpfchen). Besonders an der Kirmes wurde viel Schnaps konsumiert. Frauen tranken – wenn überhaupt – einen selbst gemachten »Aufgesetzten«. Dabei handelte es sich um einen alkoholischen Aufguss auf schwarzen Johannesbeeren, der mit Zucker und Gewürzen angesetzt wurde. Im Falle einer guten Beerenernte gab es in den Eifeler Bauernhäusern auch einen Beerenwein, zumeist aus Heidelbeeren oder Waldbrombeeren.

Hausgetränk Nr. 1 war der »Viez«. Der Rohstoff wurde gewonnen aus roten Holzäpfeln und Birnen. Seltener wurden wertvollere Wiesenäpfel herangezogen. Das Obst wurde in großen Haufen auf einer Wiese oder auf Stroh zum Nachreifen abgelegt, danach kurz gewaschen und dann in einer Mühle zerkleinert. Es fiel in eine Bütte und wurde danach in die Kelter eingefüllt und ausgequetscht. Der Most lief in eine Holzbütte, die wiederum in kleine Fässer entleert wurde. Sodann gelangte der Most mit Eimern in den Keller, wo die Viezfässer lagen. Der frisch gekelterte »süße Viez« wurde – noch nicht alkoholisch – von allen Familienmitgliedern gerne genossen. Ansonsten setzte die Gärung ein, die bis zu drei Monaten dauern konnte. Viez galt als sehr gesund, er verdünnte – nach Volkes Meinung – das Blut. Mit kaltem Wasser vermischt war er zudem ein ideales Getränk in der heißen Jahreszeit.

»Wer trinkt Tee, wenn man nicht krank ist?« So hieß es im Volksmund scherzhaft. »Heilkundige«, wie der in Holsthum sesshafte »Drepsenmechel« wanderten zu den Erkrankten und verordneten gewisse Teesorten. Große Mengen an Heilkräutern wurden in den Familien gesammelt, getrocknet und aufgegossen. Als Universalheilmittel galt der Kamillentee. Bei Bauchweh und Erkältungen trank man Pfefferminztee, der in den Bauerngärten wuchs. Kinder bekamen im Fall einer fiebrigen Erkrankung Fencheltee, für den Magen und die Verdauung wurden Wermut und Tausendgüldenkraut herangezogen, aus dem sich »Batralzem« aufgießen ließ. Holunderblütentee half bei Wassersucht, bei Blasenleiden wurde Schachtelhalmtee verabreicht. Im Islek und im Bitburger Land wurde Bitterkleetee (»Gäßkillstie«) aufgegossen, wenn jemand sich verschluckt hatte oder mit Sodbrennen zu kämpfen hatte. Als schweißtreibendes Mittel galt der Lindenblütentee.

Als früher »normales« Kaffeegetränk galt der Malzkaffee. Der Grundstoff wurde selbst hergestellt aus Gerste und Roggen, die beide zusammen in einem eisernen Gusstopf geröstet wurden. Dies musste unter ständigem Rühren geschehen, da sonst die Körner verbrannt wären. Etwas Butter und Zucker gab man hinzu, um den Glanz er erhöhen. In einigen großen Dörfern gab es auch

Kaffeeröster, in denen man – ähnlich der Backfolge im Gemeindebackes – Kaffee brennen und anschließend mahlen konnte.

Zubereitet wurde der Malzkaffee dann so: Das Kaffeewasser wurde in einem großen Wasserkessel, der in den Herd eingelassen wurde, gekocht. Das Kaffeemehl kam in die Kaffeekanne und wurde mit dem kochenden Wasser aufgegossen. Zum Würzen und Färben kam zudem der aus der Zichorienwurzel gewonnene Zusatz – »Schikri« genannt – in die Brühe. Dieser Ersatz kam aus der gerösteten Wurzel der Gemeinen Wegwarte.

Bohnenkaffee gab es nur ganz selten. Und wenn – dann war er den Frauen vorbehalten. Eine Quelle teilt mit, »dass Kaffee den Männern nicht zustand, die hätten ja ihren Pfeifentabak.« Lediglich zur Kirmes kam Bohnenkaffee für alle Erwachsenen auf den Tisch. Auch bei Beerdigungen und Hochzeiten gab es das »moderne Getränk«. Die Kaffeebohnen gab es meist in Kolonialwarenhandlungen grün zu kaufen, zu Hause wurden sie dann geröstet. Kinder tranken an solchen Festtagen Kakao.

Prümer Lieblichkeit

Grüß Gott, du schöner Maien …

Die erste Erwähnung des »Maiweins« erfolgte durch den Benediktinermönch Wandalbertus aus dem Kloster Prüm im Jahre 854. Dieser »Weinsekt« wurde als medizinisches Getränk zur Stärkung von Herz und Leber im Kloster ausgeschenkt. Aufgrund seines Geschmacks und seiner anregenden Wirkung wurde der Waldmeister schon vor 1.800 Jahren zum Aromatisieren von Bier geschätzt. Das Aroma stammt von dem Inhaltsstoff Cumarin und entwickelt sich besonders bei welkenden oder trockenen Blättern.

Das traditionelle Prümer Rezept für Maibowle beinhaltet 1,5 Liter trockenen Weißwein auf 0,75 Liter halbtrockenen Sekt, also ein Mischverhältnis von 2:1. Zum Wein kommt ein Bund Waldmeister, den man zunächst über Nacht trocknen lässt oder kurz einfriert, damit sich sein Aroma entfalten kann. Dann hängt man das Bündel an einem Faden so in den Wein, dass die Stielenden herausschauen. Die Stängelenden sollten nicht in den Wein tauchen, da sonst neben dem Aroma auch unerwünschte Bitterstoffe freigesetzt werden können.

Heimat kann man schmecken

Einst verpönt, heute in aller Munde: der Begriff »Heimat«. Dieser Terminus war einst – bedingt durch die unrühmliche Vergangenheit – negativ besetzt, doch in den letzten Jahrzehnten gelang ihm eine wundersame Renaissance. Und das ist gut so!

Der Begriff »Heimat« hat schon einige Bedeutungswandel »durchgemacht«. Führte man ihn früher ganz und gar einer Örtlichkeit zu (Geburtsort, das Aufwachsen in einer vertrauen Umgebung), so ist die Dimension von Heimat heute eine viel weitere und offenere.

Man unterscheidet vier Ebenen, die »Heimat« widerspiegeln:

- die räumliche Dimension
- die zeitliche Dimension
- die soziale Dimension und
- die kulturell-spirituelle Dimension.

»Heimat als Nahwelt, die verständlich und durchschaubar ist, als Rahmen, in dem sich Verhaltenserwartungen stabilisieren, in dem sinnvolles, abschätzbares Handeln möglich ist – Heimat also als Gegensatz zu Fremdheit und Entfremdung«[2], so definiert sie der Wissenschaftler heute mit Blick auf die erweiterte Sichtweise.

2 Bausinger, H.: Kulturelle Identität – Schlagwort und Wirklichkeit, in: Konrad Köstlin u.a. (Hrsg.): Heimat und Identität. Probleme regionaler Kultur. Neumünster: Wachholtz 1980, S.9–24.

»Heimat – A German Dream« heißt ein englisches Buch. Die Autorinnen versuchen ihren Landsleuten das deutsche Wort mit den Begriffen »homeland« und »roots« nahe zu bringen – der Ort der Verwurzelung. Dieser Ort kann für jeden einzelnen ein anderer sein: das geduckte Dorf in der Eifel, der Krabbenkutter-Hafen in Friesland, die Mietskaserne mit vier Hinterhöfen in Kreuzberg, die hohen Wälder Thüringens, Bayerns Alpenpräludium, Fachwerk im Harz, das flache Tellerland der Küstenköge, die grünen Hügel Hessens, die schwarze Zechensiedlung im Ruhrgebiet, die ausgefransten Kiefern der Mark Brandenburg, die dunklen Tannen des Schwarzwaldes, Nordseewatt und Ostsee-Bodden, Inselstrand und Weinberge, Ströme und Fabriken, Werften, Sägereien, Marktplätze, Glaspaläste, Kirchturmglocken und Türme, kleine Häuser, große Häuser – Orte, wo Wurzeln haften.

Aber Heimat ist noch mehr. Die Erinnerung gehört dazu, die ins unterbewusste Gedächtnis eingebrannte Mischung aus Geschmack, Geruch, Geräuschen, der Duft von Bratwurst und Rotkohl auf dem Küchentisch, das grelle Gelächter der Möwen im Himmel, der Schrei der Bussarde, die hohen Wolken, die Luft, die nach salziger See riecht oder dem Morgennebel über herbstlichen Wiesen. Heimat ist Weißwurst und Weizenbier, der Dialekt der Kindheit, das Klopfen der Skatkarten auf dem Wirtshaustisch, die Lieblingsmusik der Eltern, das Gutenachtgebet, der Geruch von Lebkuchen und Weihnachtsbaum im Wohnzimmer und das Aroma der Sonntagsbrötchen.

Zeitliche und soziale Dimension meinen darüber hinaus die Vertrautheit mit den Menschen. Schuljugend, Kinderschar, Verein und Nachbarschaft – gerade im Umgang mit meist gleichaltrigen Mitmenschen wird Heimat erlebbar. Begegnungen unter Freunden,

Messdienern, Vereins- und Arbeitskollegen prägen dieses soziale Element von Heimat, das aus Verlässlichkeit, Ehrlichkeit und Vertrauen genährt wird.

Auch schon vor seiner Geburt erfährt der werdende Mensch ein Stück Heimat. In der Gebärmutter findet er alles vor, was ihm Geborgenheit, Schutz, Wärme und Nahrung vermittelt. Das werdende Kind lernt die Stimme seiner Mutter kennen, spürt das Streicheln über der Bauchdecke und bewegt sich im Rhythmus der Mutter mit. Das ist wohl die Urerfahrung von Heimat.

Heimat kann auch geistiger Art sein, wenn etwa Menschen die gleichen Überzeugungen teilen, wo sie mit ihren Ideen und Gedanken Akzeptanz finden oder wo man das Engagement des Betreffenden wertschätzt. Das kann im zivilen Bereich ebenso sein wie in der Kirchengemeinde, einer geistlichen oder politischen Bewegung. Aus christlicher Sicht gibt es auch so etwas wie »Heimat in Liebe«. Sich als Mensch angenommen wissen, Freud und Leid zu teilen, ein Eheversprechen abzulegen oder in der Trauer zusammenzurücken – all das umfasst auch der Begriff Heimat.

Für einen Christen hat auch die »ewige Heimat« eine tiefgreifende Bedeutung. »Wir sind nur Gast auf Erden und wandern ohne Ruh [...] der ewigen Heimat zu«, heißt es in einem Kirchenlied. Ewige Heimat bedeutet im urchristlichen Sinn die Erfüllung unserer Sehnsucht nach der Nähe bei Gott und ewigen Glücks – ohne Krankheit, Not und Todesangst. Nach dem irdischen Gang ist der Tod dann so etwas wie eine Neugeburt in eine viel vollkommenere Welt. Am Ende der irdischen Reise ist Heimat dann nicht mehr orts- und traditionsverbunden, sondern nur noch gottbezogen. Solange Heimat da ist, spürt man sie kaum. Erst wenn sie fehlt, erkennt man ihren Wert.

Heimat ist dem Menschen ureigen, keiner ist ohne Heimat – zumindest ohne Heimat gewesen. Mit Heimat assoziiert man Vertrautheit, Geborgenheit, Bekanntheit. Sie ist der Ort der räumlichen und sozialen Identifikation. Heimat ist Rechtsgut, Lebensweise, die Gesamtheit der Lebensumstände, in denen man als Mensch aufwächst. Ob Ort, Dorf, Stadt, Region und Vaterland – Heimat ist dem Menschen zunächst angeboren. Was später geschieht, kann der Mensch selbst beeinflussen.

Heimat ist unverwechselbar und kostbar, jedenfalls für den, dem Mitmenschen, Natur und Lebensumfeld etwas bedeuten. Wie arm ist derjenige, der das sozial vertraute Umland, seine Nachbarn, Freunde, Verwandten, die Landschaft, seine Mutterkirche, die Gewohnheiten, Kindheitserinnerungen, Begegnungen, Mundart, die vertraute Tier- und Pflanzenwelt einfach ignoriert? Heimat bedeutet für die meisten Menschen daher Lebensquell, Elixier und Sinngebung. Heimat ist auch, wo mir »der oder die Liebste« nahe ist, wo Freundlichkeit, Unterhaltung und Werte gelebt werden.

»Vergangen ist so manches Jahr, da Eifler sein nicht rühmlich war«, so hieß es noch um 1890 in einem Gedicht über unsere Eifelheimat. Doch schon wenige Jahrzehnte später sagt der gleiche Verfasser: »Heut' woll'n wir alle Eifeler sein.« Ob Vulkan-, Süd-, Ost- oder Nordeifel, ob wild- und waldreiche Naturparks, die zerklüftete Maarlandschaft, die fruchtbare Ebene des Maifeldes, die vielen Wasserläufe der Nebenflüsse von Rhein und Mosel, der neue Eifelsteig – die Eifel ist heute »wer«.

Zur Kultur unserer Region zählt neben der bunt gemischten Mundart, den zahllosen Erzählungen und Sagen, den Bräuchen und Sitten, den volkstümlichen Gedichten, Liedern und Reimen auch die Ess- und

Trinkkultur. Alte Rezepte zum Kochen und Backen, aber auch die Herstellung der Speisen und ihre Vorbereitung – alles zusammen ergibt ein wichtiges Stück Kultur. Wie und wann wurde geschlachtet, wann machte Oma was und wie in die Gläser ein, wie wurde ein »Aufgesetzter« hergestellt, wie Fleisch gepökelt und Obst gedörrt, wie gebuttert und in welcher Folge das Backhaus genutzt – diese Fragen beschäftigen neuerdings viele Volkskundler.

Doch das Wichtigste ist: Was kam auf den Tisch? Welche originellen Speisen kochte die Hausfrau, was backte sie für den Sonntagskaffee, welche Getränke bot das alte Eifelhaus? Wie war der Tischschmuck, was wurde gebetet und wie war die »Sitzfolge« am massiven Esstisch?
Hier gab es einst große Unterschiede: War die Familie begütert oder eher arm? Produzierte man die Lebensmittel selbst im häuslichen Garten, im Stall? Werktags- und Sonntagsmahlzeiten hoben sich erheblich voneinander ab. Ein Höhepunkt im »kulinarischen Eifelkalender«: die Kirmes, ebenso Familienfeste wie Hochzeiten oder Kindstaufen.

»Backesbrot« – ein Genuss für alle Sinne

Die Bitte um Brot – wer braucht sie heute noch zu äußern? Brot – ein Grundnahrungsmittel – damals wie heute.

Brot – zugleich ist dies ein symbolischer Begriff für Lebensunterhalt und Arbeit. Für manche ist es ein hartes und schwer verdientes »tägliches Brot«, das man sich »im Schweiße seines Angesichts« mühsam erarbeiten muss. Andere finden ihr Brot sozusagen auf dem Tisch vor, ohne sich abrackern zu müssen. Wer sein tägliches Brot hat, lebt nicht im Überfluss, aber er hat sein Auskommen. In unseren Breiten ist Brot kein Luxus, sondern wird als Selbstverständlichkeit empfunden.

Die Geschichte des Brotes zeigt, dass die Getreidekörner ursprünglich roh verzehrt, später angeröstet oder zermahlen wurden. Dieser Schrot ergab durch Hinzufügen von Wasser einen Brei, der wohl eher durch Zufall in Asche oder Feuer geriet und so zum Fladen wurde. Als dann »saurer Teig« in die Breimasse gelangte, war das Brot in unserem heutigen Sinne erfunden.

Das ehemals luxuriöse Nahrungsmittel wurde im Mittelalter allmählich zum Standardgut, dem man stets hohe Achtung entgegenbrachte. Bei vielen Völkern galt und gilt es als heilig. Wohlwissend, wie viel Arbeitsgänge vorangehen, bis es duftend auf den Tisch gelangt: Vom gepflügten und geeggten Acker über die Ernte bis zum Mahlen und Backen sind viele schwere Handgriffe vonnöten. Waren! Denn heute ist durch Großproduktionen in Fabriken die Herstellung erheblich vereinfacht.

Solange die Bewohner unserer Eifeldörfer ausschließlich von der Landwirtschaft lebten, lernten auch die Kinder von klein auf, dass »das Brot lieb ist«. Einerseits wurden sie sehr früh in die Sorge um das tägliche

Brot miteinbezogen, andererseits übernahmen sie vom Erwachsenen die Hochachtung vor dem Brot, die sich unter anderem durch Segenszeichen ausdrückte. Dieses Segensbrauchtum um das Brot hat seinen Ursprung darin, dass die Bauern bei aller Fürsorge doch in ständiger Abhängigkeit waren von Witterung, Reifeverlauf und Ertrag.

Als Brotgetreide wurden in der gesamten Eifel Weizen und Roggen – beides konnte auch vermischt werden als Winterfrucht – im Herbst gesät. Bis in die 40er Jahre wurde mit der Hand geerntet: Der Bauer mähte, die Bäuerin nahm die Halme zu Garben auf und die Kinder legten Halme aus, die als »Seile« dienten. Dann wurden die Garben gebunden und zu Kasten aufgerichtet. War die Frucht trocken, wurden die Garben mit dem Leiterwagen in die heimische Scheune gefahren. Hierzu machten sich Pferde, Ochsen oder Kühe nutzbar. Die Frucht wurde mit Dreschflegeln gedroschen, später mit Maschinen. Anschließend wurde sie auf dem Speicher gelagert, ehe sie in den verschiedenen Mühlen – fast jedes Taldorf hatte eine solche – verarbeitet wurde.

Jedes Bauernhaus besaß früher einen steinernen Backofen, meistens in der Küche, seltener in einem besonderen »Baackes«. In anderen Regionen des Rheinlandes gab es auch die Form des »Gemeindebackens« in einem öffentlichen Backofen. Eine solche Einrichtung war rentabler und sparsamer, da das Brennholz besser genutzt werden konnte und die Brandgefahr geringer war. Die Errichtung eines guten Backofens setzte große Erfahrung voraus, sodass nicht selten auswärtige Ofensetzer herangezogen wurden. Die Kunst des Gewölbebaus ohne Fugen und Beschaffung des notwendigen Tuffsteines besorgten eifelweit bekannte Backofenbauer aus Bell bei Mayen oder aus Königswinter.am Rhein.

Alle Haushalte innerhalb der Gemeinden besaßen Backrecht. Damit die Abläufe gut funktionierten, waren besondere Absprachen vonnöten und streng einzuhalten. So kam jede Familie im Monat zwei- oder dreimal zum Gemeindebaackes, wo die Arbeit in acht Stunden abgeschlossen sein musste. Die Backfolge musste jede Woche neu bestimmt werden, um Ungerechtigkeiten auszugleichen, mancherorts gab es unter Aufsicht des Gemeindedieners auch eine Auslosung.

Wichtig für die Teigbereitung war vor allem das richtige Mischverhältnis von Mehl, Salz, Wasser und Sauerteig. Der Sauerteig, in der Eifel »Damp« genannt, bestand aus dem Restteig vom vorigen Backvorgang, der in der »Mohl«, einer Mulde im Esstisch, aufbewahrt wurde.

Damit die Gärung in Gang kam, goss man lauwarmes Wasser auf den Sauerteig, teilweise wurde auch Buttermilch verwandt. Diese Masse vermischte man mit Mehl zu einem Brei, der anschließend fünf bis sechs Stunden »gehen« musste. Der Brotteig musste sodann gründlich durchgearbeitet werden, um ein gleichmäßig durchgebackenes Brot ohne Klümpchenbildung zu erhalten. Dieses Kneten war Schwerstarbeit und dauerte bei Graubrotteig bis zu anderthalb, bei Schwarzbrotteig bis zu drei Stunden. Um mehr Masse zu erhalten, wurde der Teig nicht selten mit Erbsen, Bohnen und kleingedrückten Kartoffeln »gelängt«. Dies hatte auch den Vorteil, dass das Brot nicht so schnell erhärtete. Abschließend wurde der Teig in bestimmte Portionen geteilt und in die Gärkörbchen, den »Kurbeln« gelegt.

Nunmehr wurde der Ofen mit Reisigbündeln, in der Eifel »Schanzen« genannt, angeheizt. Eine gute zeitliche Abstimmung war wichtig für den Backvorgang, denn die richtige Temperatur und das gleichzeitige Aufgehen des Teiges mussten übereinstimmen, ansonsten verbrannte die Oberfläche des Brotes oder es wurde nicht richtig ausgebacken. Die richtige Ofentemperatur konnte der erfahrene Bäcker an der Farbe der Steine im Ofeninnern erkennen. In der Regel waren fünf bis sechs Schanzen für einen Backvorgang nötig.

Das »Einschießen« der Brote erforderte eine gewisse Geschicklichkeit, denn die Laibe wurden in Querreihen auf die »Schess« gelegt, platzsparend, aber nicht zu eng, um ein Zusammenbacken zu vermeiden. Um die Brote verschiedener Familien auseinander halten zu können, versah man sie mit bestimmten Kennzeichen (»Brotzeichen«) wie Löchern, Längs- und Querstrichen.

Gewisse Glaubens- und Brauchhandlungen begleiteten den Backvorgang. Für den gläubigem Eifelbauern lag das Gelingen in Gottes Hand, und so wurde während des Backens gebetet. Außerdem ist aus Pronsfeld überliefert, dass man dem Teig ein Kreuzzeichen eindrückte. Das letzte Brot, das in den Ofen kam, erhielt vier »Eindrücke« in Kreuzform. Es wurde Kreuzbrot genannt und sollte besonderen Schutz bieten im bäuerlichen Alltag.

Das Brotbacken wurde in der Eifel bis in die fünfziger Jahre betrieben. Dann wurde im rasanten Tempo der Brotkauf üblich. Das Zurückgehen der Landwirtschaft, die Aufgabe des Prinzips »Selbstversorgung« und eine damit einhergehende neue Mentalität sind wohl die wichtigsten Gründe. Leider fielen die Backhäuser dem Abrisskran zum Opfer. Nur hier und da erinnert noch ein »Baackes« an die alte Tradition.

Rings um das Brotbacken entfaltete sich ein lebhaftes Brauchtum in der Eifel, das im Folgenden näher betrachtet werden soll.

Das erste Brot, das aus der neuen Ernte gebacken wurde, brachte man in früherer Zeit zur Kirche, um durch den Brotsegen die kirchliche Weihe zu erbitten. Seine höchste Weihe bekam das Brot durch die sakramentale Verwendung in der heiligen Messe. Brot und Wein, das ist eine Einheit in der Wandlung und im anschließenden Empfang.

Das Brot spielte seit jeher eine große Rolle als Abwehrmittel gegen Unholde und Schaden aller Art. So wurden Brot, Zwieback und Blumen in Brunnen und Quellen geworfen, um das Wasser vor Versiechen und Verunreinigung zu schützen. Altem Volksglauben entsprechend brachten vorchristliche Bauern den »Wettergöttern« Getreide- und Brotopfer dar, um sie milde zu stimmen und Schaden abzuwenden. So gehörte es zu den Hagelzeremonien, dass man Brote zum Schutze des Hauses und der Flur in Dachrinnen und auf Wege legte, oftmals mit Käse und Honig bestrichen. Gegen Krankheiten bei Tier und Mensch wurden so genannte Heilbrote verabreicht, die auf die heidnischen Versöhnungsopfer zurückgehen. Vom Glauben an diese heilbringende Kraft des Brotes zeugt bis in das 20. Jahrhundert der Brauch, zu Neujahr jedem Familienmitglied und jedem Stück Vieh im Stall ein kleines Gebäck zum Schutz gegen die bösen Geister zu schenken. Besonders wirksam waren Brote und alle Gebäckarten, die in den so genannten Raunächten gebacken wurden. Diese Backwaren hatten heil- und glücksbringende sowie wahrsagende Kraft.

Die vorchristlichen Brotversöhnungsopfer ersetzte die Kirche später durch Brotweihen (Eulogien) und Segnungen an Neujahr, Ostern und an bestimmten Heiligenfesten. Seit Jahrzehnten ist es in der Eifel Brauch, am Erntedankfest Brot, Erntegaben wie Früchte und Kräuter zu segnen. Die bekanntesten christlichen »Heilbrote« sind bis heute: der Martin- und Nikolausweck, das Wendelinbrot.

Den Gebildbroten lag die Vermutung zugrunde, dass Heilgötter, Krankheitsdämonen und Seelengeister durch entsprechende Nachbildungen von Tieren in Brot versöhnt werden könnten. Somit handelt es sich hier um heidnische Analogie- und Ähnlichkeitszauber. Nach Volksglauben besaßen diese Gebäcke heilbringende Kräfte, weshalb sie noch bis in das 20. Jahrhundert dem Vieh bei Erkrankungen gereicht und den Kindern in die Wiege gelegt wurden.

Altes Eifeler Brauchtum – mit Blick auf die Küche

Wertvolles Kulturgut: Mundart-Heischelieder am Beispiel des Martinsbrauchs

Ein besonderer Festtag für den Gaumen war in der Eifel neben der Kirmes und dem Weiberdonnerstag der Martinstag. Bereits am Vorabend ging die dörfliche Jugend von Haus zu Haus, um Zutaten für die Pfannen- und Eiergerichte zu sammeln. Diese wurden dann am Martinstag (11. November) gesammelt und verzehrt. Das zuletzt verheiratete Ehepaar stellte sich dem Backdienst – das war seit Gedenken ein ungeschriebenes Gesetz. Die Gastgeberfamilie wurde bei den stundenlangen Vorbereitungen kräftig unterstützt von den Nachbarfrauen und Verwandten. Im Küchen- und Vorratsraum stapelten sich vom Vortag massenweise Eier, Milch befand sich in den Kannen, Mehl und Butter in gebräuchlichen Behältern. Weitere »Sammelwaren« waren Zucker, Puderzucker, Salz, Kakao, Speck (für den Eierkooch), Fett und »gute Butter«.

Heischeumzüge bestimmten das Dorfbild bei den Sammelgängen am Martinsvorabend und überall wurden – regional unterschiedlich – Lieder in Mundart gesungen. Die munteren Scharen ließen in den Straßen und an den Türen ihre allbekannten Martinsweisen lautstark ertönen. Manchmal unterstützten sie auch Lärminstrumente wie Klappern und Topfdeckel.

Hier eine eifelweite Liedauswahl von Aachen bis nach Koblenz, von Prüm bis nach Erkelenz, von Adenau bis nach Rheinbach, von Malmedy bis Düren.

Anm.: Die alte Rechtschreibung wurde beibehalten.

Der hl. Zinter Merten, dat war ne gode Mann,
Dä gob de Kinder Kerzge on stoch se selver an.
Butz, butz, wieder Butz, dat war ne gode Ma- a- an.

Hier wohnt ein reicher Mann, der uns vieles geben kann.
Viel soll er geben, lang soll er leben,
Selig soll er sterben, das Himmelreich erwerben.
Lasst uns nicht zu lange stehn,
denn wir müssen weiter gehen.

Mertesoven, machen de Wiever de Würsch.
On wenn so Wing im Keller ha, dan drinke se, wenn se dürsch.
Wingche en de Fläsche, Geldche en de Täsche,
Wingche moß getrunken sen, Geldchen muß verzehret sen,
Mus, mus, komm herus! Och gett dem ärme Mertesmännche doch e klen Stöckelche Holz.

In Friesdorf bergen die älteren Knaben erst das Brennmaterial auf Leiterwagen und singen dabei:

Der hl. Zinter Merten, dat wor ne gode Mann,
Der delte singe Mantel, met enem ärme Mann.
Ihr Lükche, kut es an de Dühr, un jet os jett für et Martinsfür.
Holz oder Strüh, dat schleppe mer op de Hüh!

In Rheinbach zieht die Feuerwehr mit Musik voraus, die Kinder folgen unter Vortritt eines berittenen Mertensmännchens mit brennenden Fackeln und singen:

Zent Märte es ad weder he, lof, Könder loft!
Wenn der os röf: mer sen all do, lof, Könder loft!
De Löch en de Hand, on dat Kärzge angebrannt
De Stroß eraf un erof, lof Könder loft!
Sant Märte wolle ihre wir mit löchte on Sant
Märtesfüer,
Sant Märte es für höck gedonn, drom mösse mir noh
Huhs jez gonn.

In der Umgegend von Rheinbach hört man noch das alte Martinslied:

Rü, rü, rü, jet us en Bürd' Strüh oder en ahl Man;
Wat de Mann zeresse hätt, wat de Frau verschlesse hat,
Rü, rü rü, jet us en Bürg Strüh.

Beim Einsammeln der Gaben singt man in Adenau:

Dotz, Dotz, Dollendorf, jit us en ale Merteskorf,
jit us en Beusch Strüh, verbrenne mir Läus un Flüh;
jit us en paar Schanze, dann lire mer jot tanze;
jit us jet, dann hann mer jet, mer han der Dürre
noch mi zu john.

In Koblenz schieden sich die Jungen vordem nach der Kastor- und Weisergasse, zwei getrennt liegende Straßen der Altstadt, wohl die Mittelpunkte zweier Stadtteile. Dass es hier in früheren Jahren nicht gar glimpflich zuging, bekundet das alte Koblenzer Martinslied:

Heiliger Sankt Märte, mit dene siebe Gerte,
Mit dene siebe Rute, die Nas, sie soll blute;

Das Blut läuft über Bäckers Haus, hol dir einen
Weck heraus,
Mir einen, dir einen, annere Kinner gar keinen.

Dann fügten die Knaben aus der Kastorgasse hinzu:

Stivele, stivele, stang, vor de Weisergässer ham mer
kei Bang;
Die locke mer in e Gäßge un haue ihnen dat
Schäßge.

Die aus der Weisergasse sangen:

Stivele, stivele, stang, vor de Kastorgässer ham mer
kei Bang:
Die locke mer in e Gäßge un haue ihnen dat
Schäßge.

Recht derbe ging's wohl früher auch in Rheinbrohl zu. Entstehen nämlich dort auf der Höhe gleichzeitig zwei Feuer, so singen die Knaben heute noch:

Zant Merten, zant Merten,
dann schlon si sich mit Gerten,
schlon sech mit Axe,
dat se quackse.

Die Maifelder Burschen haben an den meisten Orten längst die Friedenspfeife geraucht, sie sammeln schiedlich und friedlich Brennmaterial und die Verzehrgaben, ziehen einmütig mit Pechfackeln in langen Lichterreihen auf ihre Höhen und singen:

Haut sant Märte, Märte es en gode Mann,
Der mer ebbes stuern kann.
Gev un en Punke Strüh,
oder en ahl Mann, da gi mö widder hei dann.

Früher sang man derber:

Haut sant Märte, mit de sieve Gerte,
Mit de sieve Rute, der soll blode.
Haut neuß, morje neuß,
ha mer dä ganze Woch neuß,
als e besche Nuddelsopp
Unn es beschen Knochen.

Vom guten Gemüt des Eifelbewohners zeugt hier das alte Martinslied:

Dire, dire, löötche, jev mir e kleen Schöövche
En groß Büsch, dat et ose Herrgott net verdrüüßt,
Dat der Wönk net 'njagt, dat der Hagel net 'nschagt,
Dat oses Herrgotts Blömchen op der Hede net verkaalt.

Das sonst so sinnige Moselland hat die Martinsfeuer bis auf einzelne Reste aussterben lassen. Sogar in der ehrwürdigen Stadt Trier, hat St. Martin noch in Stein und Bild vor Augen hat, tritt sein Fest nicht nach außen hin hervor; dafür wird St. Nikolaus umso mehr gefeiert. Doch noch in den letzten Jahren konnten die Trierer die Martinsfeuer auf den Eurener Höhen schauen und das wenig ehrfurchtsvolle Martinslied der Vorortsjugend vernehmen:

Mirtes, Mirtesfeier, mer hätten gär Strüh, Leis und Flüh!
Der Mirte krit de Nos gehaue, dat deit net wih.

Mit harzgetränkten Besen umtanzte man in den ehemals deutschen Gebieten um Eupen und Malmedy das Martinsfeuer und sang das wallonische Martinslied:

On stokou ramon po fer l'eveuye du St. Martin!
Jans donc, s'i vs'plait bein!
One banse sains ou, on chaina sains anse,
One péce, one jambe du strain, on faxhay, on tonnai,
Tot à fait est bein-z-et bon, p fer l'èveuye du St. Martin!
Jans donc, ci vx'plait bein !

(Ein stumpfer Besen, um das Martinsfeuer zu machen.
Bitte schön, gefälligst! Ein Waschkorb ohne Boden,
ein Henkelkorb ohne Henkel, eine Stange, ein Bündel Stroh,
eine Schanze, ein Fass.
Alles ist recht gut für das Martinsfeuer.

Über die Landesgrenze hinaus gen Lüttich, da ziehen die Bauern mit ihren Jungens hinaus in die Obstwiesen, und indem die Kinder mit Heufackeln um die Bäume herumlaufen, singen sie:

Bon St. Martin,
Avoyos des pommes es des peurs
Duvint nos't cortil.

Guter heilger Martin,
sende Aepfel und Birnen
in unseren Garten!

Dass auch am Niederrhein vor Jahren noch Martinsfeuer abgebrannt wurden, zeigt das alte Erkelenzer Martinslied:

Zent Märte, de Aeppel on Bire send nocht net geäte,
De Körf an Mangen sen verbrannt,
De Aesch stüfft dorch et ganze Jüliker Land.

In den Orten um Aachen stellten sich vordem die Kinder um das Feuer und sangen:

O Mähtin, oh Mähtin, aul Wiver, stomp Beißem,
Je auler, je beißer.
(Alte Weiber, stumpfe Besen, je älter je besser).

Wenig respektvoll ist der Grundton der alten Martinslieder um Neuß und Düren – dort will man vielmehr in mitleidvoller Art dem armen, halbbekleideten St. Martin was schenken.

Um Neuß singt man:

Zent Märte, zent Märte de Aeppel un Bäre send gäte,
Ene Bokeskok, ene Eierkok, dat det dem decke zent
Märte godl.

Um Düren:

Jäf dem ärmen zent Märte jät, der su lang nex kräje hät;
Hus un Hof, Land on Sand, schnek em es Schtöck vom Mantel af.

Nachzuliefern sind noch die Spottreime, die von der erbosten Jugend dort gesungen werden, wo ihr die Martinsgabe versagt wird. Es kann denen, die keine Gaben spenden, kein Martinssegen gewünscht werden, es soll das Gegenteil eintreten, das nun auch St. Martin bewirken soll. Recht derbe sind manche Spottweisen, so derbe, dass ich nicht alle hier wiedergeben kann. Nur einige seien hier erwähnt.

In Bonn:

Et setz en Schwalfter op dem Dach, de pickt dem Al en Oog us, en Oog us.

Um Euskirchen:

En Uehl em Hus, en Uehl em Hus
Kratz dem N. de Oogen us!

Oder:

Et soß en Aepche op'm Treppche vor de Großmodder ohrer Dühr;
Hat e Löckche om Köppche, do kont et gar nit führ.

Im Maifeld:

Dotz, dotz, diljendotz, wer neuß jit, der es neuß notz!

Um Koblenz:

Du bes en ahl Schloderbix
Du giiß et ganze Johr uns nix.

Um Düren:

Krije mer nix vom riche Mann
Schlo mer opden Kuchepann.

Um Jülich:

Gizhats, brech der Hals, dät de morje sterwe kanns!

Am Niederrhein:

Dat Hus, dat steht op enem Penn,
De Gitzhals, de wohnt mitten drin! Gitzhals!
Gitzhals!

Im Bergischen:

Boven am Hemmel, do steht'n witen Schemmel
Do steht drob geschrieven: Gitzhals!

Zum Schluss noch ein Liedchen:

Marteine, Marteine, mach' das Wasser zu Weine!
Vor allem dann, wenn sie recht knusperig ist, umspülen wir sie mit Martinswein:
ich meine die Martinsgans!

Abschließend zu diesem spannenden Kapitel noch ein kleiner Nachtrag. Das Wort »heischen« ist in der Eifel fest verankert. Ich füge für Nicht-Einheimische eine kurze Definition an:

Etymologisch erklärt sich der Begriff von ahd. eiscōn = fordern, verlangen, bitten, fragen, später dann »eischen«. Heute nur noch gelegentlich an Fastnacht und »Burgsonntag« gebräuchlich.

Hopfen und Malz …

Neben dem größten Hopfenanbaugebiet der Welt, der Holledau zwischen Ingolstadt und München, hat auch die Eifel ihren Hopfengarten. Im Tal der Prüm bei Holsthum staunt man über prächtiges Gedeihen der alten Kulturpflanze. Hopfenanbau ist in Mitteleuropa seit 850 n. Chr. nachweislich bekannt. Bis zum 14. Jahrhundert wurde die Pflanze nur in Klostergärten gezogen.

Fast 100 Prozent der Welthopfenproduktion werden für die Bierherstellung verwendet. Hopfen ist der Grundrohstoff bei der Bierbereitung. Hopfenmehl und Bitterstoffe sorgen für den Geschmack, die Schaumbildung und die Haltbarkeit des Bieres.

Die Hopfenpflanzer der Südeifel binden drei Triebe am Steigdraht der mächtigen Gerüste im Hopfengarten an der Prüm an. Ende Juli fängt die Blütezeit an, reif sind die Dolden Anfang September. Hopfenpflücker schneiden die oberirdischen Teile der Pflanze ab, fahren das Erntegut nach Hause und »dappen« (trocknen) es. Nach einer Woche Lagerung wird der Hopfen gepresst und in Säcke abgefüllt. Ein Siegelmeister prüft den Hopfen und versieht jeden Sack mit einem amtlichen Siegel und einer Urkunde, in der die Herkunft bestätigt wird. Nun geht das Biergewürz zum Händler oder in die Brauereien.

In kleinen häuslichen Brauereien wurde früher das Bier hergestellt, einzig im Tal der Kyll gab es Brauereibetriebe. Die Zentren waren Kyllburg, Malberg und St. Thomas. Das Kloster St. Thomas kann man als dasjenige annehmen, dass den Hopfen an die Kyll brachte. Es hatte eigene Hopfengärten und lebte zeitweilig vom Verkauf des »grünen Goldes«, wie aus dem 18. Jahrhundert belegt ist. Der Absatz des Kyll-Hopfens beschränkte sich nicht nur auf die regionalen Märkte Prüm, Bitburg und Trier,

Hopfen wurde bis nach Frankfurt und Münster geliefert. Bierbrauer an der Saar, dem Hunsrück, aus Münstereifel oder Euskirchen kauften ihre Hopfenanteile in St. Thomas.

1863 gründete man einen Hopfenbauverein, der bis zu 380 Mitglieder zählte. Es war ein blühender landwirtschaftlicher Zweig mit einer guten Hopfenqualität und besten Erträgen. Erst ein Preisverfall und die starke süddeutsche Konkurrenz führten zu einem Ende des Anbaus im Kylltal.

Doch das war nicht das Ende des Hopfenanbaus in der Eifel – zum Glück!

Zwei Sudetendeutsche, die es nach dem Zweiten Weltkrieg in die Eifel verschlagen hatte, gelten als Pioniere auf dem Gebiet des Hopfens im Prümtal. Einer entstammte einer Hopfenpflanzerfamilie und brachte seine »Fechser«, junge Hopfenpflanzen, mit. Die Bitburger Brauerei förderte den Anbau auf einer 2,5 Hektar großen Fläche bei Holsthum. Im Jahre 1965 übernahm Herbert Dick aus Holsthum alle Hopfengärten und erweiterte zunächst auf 7 Hektar. Dank seiner unternehmerischen Fähigkeiten entstand durch moderne Technik, etwa beim Pflücken und dem Bau einer Hopfenhalle mit neuer Darre ein hochqualifizierter Betrieb, der es heute auf eine ausgezeichnete Qualität bringt. Das Anbaugebiet ist staatlich anerkannt und das Hopfensiegel Bitburg erteilt. In der Siegelhalle Holsthum wird alljährlich durch einen vereidigten Siegelmeister die Ware gewogen und gesiegelt.

Heute bewirtschaftet die Familie Dick rund 20 Hektar Gartenland mit verschiedenen Sorten. Auch ist es gelungen, dass die unterschiedlichen Sorten nicht zeitgleich reif werden, da sie innerhalb von fünf Tagen geerntet werden müssten.

Die komplette Ernte wird an die Bitburger Brauerei geliefert, die so einen Teil ihres riesigen Bedarfs aus Eifeler Hopfen decken kann.

Wohlbekannte Redensarten:

»Hopfen und Malz, Gott erhalt's.«
»Hopfen will jeden Tag seinen Herrn sehen.«

Häusliches Brauen war früher sehr beliebt. Für das Bierbrauen waren die Frauen zuständig. Ein altes Rezept für das Hausbier nennt die Zutaten: Wasser, Weizenkleie, Mehl, Hopfen, Sirup, Ingwer und Bierhefe.

Zahllose kleine Brauereien im gewerblichen Sinne gab es seit dem 17. Jahrhundert in der Eifel. In Schleiden wird ein Brauer 1471 erwähnt. Im Jahre 1668 verdienten 15 von 77 Schleidener Haushalten als Brauer, Zapfer oder Küfer an der Bierproduktion. In Euskirchen gab es 1640 sieben Brauer, in Münstereifel waren von 1714 bis 1735 sieben Brauhäuser genehmigt. Auch Kronenburg, Blankenheim, Gemünd, Reifferscheid, Prüm und Kommern hatten ihre Brauhäuser.

Eine Quelle des Landratsamtes Prüm von 1852 belegt, dass es im Bereich des Amtes drei Brauereien gegeben hat: in Waxweiler (Jahresproduktion 90 Fuder), eine zweite in Waxweiler (60 Fuder) und eine in Stadtkyll (41 Fuder). Insgesamt beschäftigten die Brauhäuser sieben Arbeiter. Zum Absatz wird vermerkt, dass das Bier »an auswärtige Wirte und im Haus verkauft wird«. Die Brauereibesitzer waren zudem Gastwirte, die in erster Linie für das eigene Gasthaus den Gerstensaft produzierten.

In den bäuerlichen Haushalten wurde das Bier nicht nur als Getränk genutzt, es diente auch zur Verfeinerung von Speisen. Karpfen wurden in Bier gekocht, Hammelfleisch im Bier geschmort. Früchte ließ man in einem Biersud ziehen, um ihnen besonderen Geschmack zu verleihen. Es wurde gar ein »Bier- oder Malzbrot« gebacken, das als besonders nahrhaft galt. Abends kam häufig eine Biersuppe auf den Tisch, bestehend aus dem

Gerstensaft, Milch und Gewürzen. Bier galt vielfach auch als Medizin, besonders bei Magen- und Darmleiden, aber auch bei Unruhe und nervösen Leiden.

Doch erst mit der Begründung der Bitburger Brauerei im Jahre 1817 wurde die Eifel als »Bierland« weltweit bekannt. Das Bitburger Unternehmen, das sich bereits in der siebten Generation in Familienbesitz befindet, ist heute eine der größten Biermarken Deutschlands, sogar das meistgezapfte Bier. Den Hopfen erhält man aus dem Prümtal und der Holledau, Gerste aus den besten Anbaugebieten Deutschlands, die Hefe aus einer eigenen Reinzucht und das Wasser aus brauereieigenen Brunnen.

»Gott fürchten macht selig,
Bier trinken macht fröhlich.
Drum fürchte Gott und trinke Bier,
so wirst du selig und fröhlich hier!«

Ein »Loblied« von 1784 lautet:

»Das Bier giebt grober Feuchten viel,
Stärkt das Geblüt, mehrt's Fleisch ohne Ziel,
Es leert die Blasen, und weicht den Bauch,
Es kühlt ein wenig, und bläßt auch auf.«

Die bäuerliche Trinkkultur entsprach in Deutschland bis ins 19. Jahrhundert hinein den Trinksitten, die Jahrhunderte lang für alle Schichten verbindlich waren, nämlich dem Zutrinken, vor allem auf die Gesundheit, den wiederholten Trinkrunden in Gesellschaft und dem Bruderschaftstrinken. Trunkenheit und trunkenes Benehmen galten in der bäuerlichen Welt allgemein und auch in der Eifel nicht als peinlich oder anstößig. Auf den bäuerlichen Festen war ein Rausch allgemein angestrebtes Ziel; ein Zustand, der von Frauen und Männern gleichermaßen gesucht wurde.

Bis ins 18. Jahrhundert hinein war Bier das Alltagsgetränk für die Bauern. Für den täglichen Gebrauch brauten sie lange Zeit selbst, nur für Feste mussten sie das Bier von einer Brauerei beziehen. Die Brauperiode ging von November bis Februar. Nach 1800 verdrängte der Branntwein zunehmend das Bier in seiner Bedeutung.

Starkes Bier wurde vor allem auf den Festen und bei bestimmten Anlässen getrunken. Zur Verlobung war Bier obligatorisch. Die Hochzeit begann mit einem gemeinsamen Umtrunk noch vor dem Gang zur Kirche, und nach dem Hochzeitsessen wurde dann bis in den Morgen hinein getanzt und getrunken. Bei einer Taufe waren die Eltern verpflichtet, die Verwandten und die Hebamme zum Trinken einzuladen, dem Kindelbier. Nach einer Beerdigung gab es das Grabbier.

Kartoffellied

Pasteten hin, Pasteten her,
was kümmern uns Pasteten?
Die Kumme hier ist auch nicht leer
und schmeckt so gut als bonne chere
von Fröschen und von Kröten.

Und viel Pastet und Leckerbrot
verdirbt nur Blut und Magen.
Die Köche kochen lauter Not,
sie kochen uns viel eher tot;
Ihr Herren, laßt Euch sagen!
Schön rötlich die Kartoffeln sind
und weiß wie Alabaster!
Sie däun sich lieblich und geschwind
und sind für Mann und Frau und Kind
ein rechtes Magenpflaster.

(Matthias Claudius, 1740–1815)

Der Phantomtag – oder das Palindrom

Frage: Was hat der 22.2.22 mit der Eulenart »Uhu« zu tun?

Antwort: Man kann beide »Zeichenketten« vorwärts und rückwärts lesen.

Es kann in einem Wort (»Anna«), einer Wortgruppe (»Nette Betten«), aber auch in einem Satz (»Leo hortet Rohoel.«) vorliegen. Ist das Palindrom ein Wort, wird es als Wortpalindrom bezeichnet, ist es ein Satz, spricht man von einem Satzpalindrom. Die Wortgrenzen sowie die Groß- und Kleinschreibung, aber auch die Satzzeichen werden bei der Bildung von Palindromen nicht beachtet. In der Literatur und der Musik werden Palindrome als Spielerei, aber auch als Stilmittel genutzt, wobei der linguistische Begriff darüber hinaus in andere Bereiche übernommen wurde. Verwandt sind Ananym und Anagramm.

Weitere Beispiele für deutsche Satzpalindrome

> Die Liebe ist Sieger; stets rege ist sie bei Leid.
> Eine güldne, gute Tugend: Lüge nie!
> Eine Horde bedrohe nie!
> Erika feuert nur untreue Fakire.
> O Genie, der Herr ehre dein Ego!
> Trug Tim eine so helle Hose nie mit Gurt?

Der 22.2.22 am Dienstag des letzten Jahres war also ein Palindromtag. Der letzte war am 12.02.2021, der nächste folgt am 03.02.2030. Und was hat es mit dieser Schnapszahl-Reihe noch auf sich? Sie fällt in die Fastnachtswoche. Darauf einen Schnaps – Prost!

Kochte Oma früher wirklich besser als eine junge Frau heute?

– Ein Zeitbild von 1868 –

Diese Frage könnte man vielleicht – vordergründig – mit einem ›Ja‹ beantworten. Aber Vorsicht: Auch heute engagieren sich viele Frauen in ihrer Küche. Freilich haben sich durch die Veränderungen in der Arbeitswelt und in der Gesellschaft viele Dinge gewandelt, so dass eine Frau heute kaum mehr so viel Zeit »rund um das Kochen« aufbringen kann. Dennoch ist der Haushalt auch heute noch – global betrachtet – der größte Arbeitsplatz der Welt.

Früher betrachtete die Hausfrau das Kochen mitsamt der Vorratshaltung als ihre »Lebensaufgabe« und wandte zweifelsfrei bedeutend mehr Zeit dafür auf. Beleg dafür ist eine Statistik, die aus dem Jahre 1868 stammt. Damals sah der Tagesablauf einer Hausfrau so aus (Abweichungen waren nur im Notfall möglich):

4.30 – 4.45 Uhr: Aufstehen, Anziehen, Waschen

4.45 – 5.00 Uhr: Morgengebet

5.00 – 5.15 Uhr: Anordnung der Tagesgeschäfte

5.15 – 5.30 Uhr: Arbeitsvorbereitungen

5.30 – 5.45 Uhr: Frühstück

5.45 – 9.00 Uhr: Arbeitszeit (Haus, Stall, Garten usw.)

9.00 – 9.15 Uhr: Erholungszeit mit Erfrischung

9.15 – 12.00 Uhr: Arbeitszeit (zumeist Garten und Vorbereitung Mittagessen)

12.00 – 13.00 Uhr: Mittagessen mit Erholung

13.00 – 16.00 Uhr: Arbeitszeit (meist im Freien, aber auch Hausarbeit)

16.00 – 16.30 Uhr: Erholung mit Erfrischung

16.30 – 20.00 Uhr: Arbeitszeit (meist Wasch-, Bügelarbeit, Kindererziehung)

20.00 – 20.30 Uhr: Nachtessen

20.30 – 21.00 Uhr: Ruhe und Erholung

21.00 Uhr: Abendgebet und Nachtruhe

Aus Gründen der Lichtersparnis wurde im Winter von diesem Plan leicht abgewichen. So war die Aufstehzeit erst um 5.30 Uhr, dafür ging es bereits um 20 Uhr zu Bett. Ein »normaler« Arbeitstag bestand also winters wie sommers immer aus 12 bis 13 Stunden.

In einem Haushaltsbuch von 1868 heißt es:

»Die gemüthliche, fürsorgende Hausfrau, die gewissenhafte, liebevolle Erzieherin der Kinder, die threueste, teilnehmendste Freundin des Mannes empfindet dieses Arbeitspensum als normal. Gelehrte Frauen passen nicht in die Welt (…) Was sollten die Kinder mit einer Mutter, die ihnen alle Erdengrößen vorzählt, die Bahnen der Gestirne berechnet, Romane schreibt oder gar eine Ouvertüre für eine neue Oper componirt?«[3]

Und abschließend heißt es: »Wird diese Gelehrtheit nicht die Weihe und den edlen Charakter der Mütterlichkeit, der Weiblichkeit, der Anmuth und Grazie, ja, wird sie nicht den Nimbus verdunkeln?«

---

3 Diese Darstellung bildet den Zeitgeist der damaligen Zeit ab und entspricht nicht mehr dem heutigen Verständnis.

Gewiss ist Omas Haushalt tot. Aber Omas Küche auch? Die Antwort lautet klar ›nein‹. Omas Küche erfährt eine ungeahnte Renaissance. Gerade heute weiß man wieder die Kochkunst von einst zu schätzen: Nie zuvor gab es eine solche Fülle von Büchern und Fernsehsendungen zu diesem Thema. Die Sehnsucht und Suche nach alten regionaltypischen Gerichten ist schier endlos. Nicht nur in der Eifel …

Gartenspruch

Dumme rennen, Kluge warten, Weise gehen durch den Garten.

(Verfasser unbekannt)

Eifel-Huldigung

»Ich weiß mit der Feder nicht zu sagen, das nicht Fritz von Wille mit dem Pinsel ausgedrückt hätte. Wir sind durch die Eifel gewandert, beide mit denselben Augen, die Liebe zum Lande geöffnet hatte, uns gab ein Gott ins Herz, die Schönheit dieser Welt zu erkennen: welche Fülle in dieser Armut, welche Pracht in dieser Bescheidenheit, welche Poesie in dieser Öde.«

(Clara Viebig, 1909)

Sobald ich in der Eifel bin, beginnt ein wunderbares Konzert des Erlebens, an dem alle Sinne beteiligt sind. Nur ihr Zusammenspiel vermag die Fülle der Eindrücke zu fassen.

(Hermann-Josef Schüren)

Mir schwätze plaat

Die Eifeler Mundarten zählen in der südlichen Eifel zu den moselfränkischen Dialekten. Sie ähneln stark der luxemburgischen Sprache. In der nördlichen Eifel hingegen gehören sie zur ripuarischen Dialektgruppe und ähneln eher dem Öcher Platt oder dem Kölschen. Dazwischen gibt es die für ein Dialektkontinuum typischen Übergänge, bei denen mehr oder weniger jedes Dorf ein wenig anders spricht als seine Nachbarorte. Laut linguistischer Definition gehören Moselfränkisch und Ripuarisch zum Mittelfränkischen.

Die territorialen Strukturen, wie sie sich seit der Römerzeit in der Eifel entwickelt haben, bestimmten auch die Entwicklung der Eifeler Dialekte. Sprachgeographisch lässt sich die Eifel teilen in den moselfränkischen und den ripuarischen Dialektraum. Die »Eifeler Sprachbarriere«, die als breiter Saum die beiden Dialekte trennt, zieht sich vom Nordteil des Eifelkreises Bitburg-Prüm über Kronenburg, Blankenheim, Nettersheim, Altenahr und Ahrweiler entlang des Vinxtbachs bis zu dessen Mündung in den Rhein bei Bad Breisig. Hier verlief auch die alte römische Grenze zwischen Germania superior und Germania inferior. In der Feudalzeit lag hier die Grenze zwischen Kurtrier und Kurköln, und heute verläuft die Landesgrenze zwischen Nordrhein-Westfalen und Rheinland-Pfalz innerhalb dieses Saumes, der in der Sprachwissenschaft auch als Vinxtbachlinie oder Dorp-Dorf-Linie bezeichnet wird. Auch in der angrenzenden Deutschsprachigen Gemeinschaft Belgiens wird Eifeler Mundart gesprochen: Besonders im südlichen Teil dieser Region, die auch als Belgische Eifel bezeichnet wird, hat der Dialekt weithin seine Bedeutung im Alltag bewahren können. Historisch gehörten diese Gebiete einst hauptsächlich zum

Herzogtum Luxemburg (bis 1815), kleinere Einheiten auch zu Kurtrier.

Die die op/of-Grenze westlich der Mosel bildet die südliche Grenze der Eifeler Mundarten. So wird beispielsweise in Trier das moselfränkische Trierisch gesprochen, das sich von den umliegenden Dialekten abhebt.

Unterschiede zwischen den beiden Eifeldialekten gibt es in der Aussprache, der Ausdrucksweise, im Wortschatz und in der Grammatik der Mundart.

Bemerkenswert ist auch die starke Begriffsdifferenzierung bei Gegenständen des bäuerlichen Alltags. Das hochdeutsche Korb hat mit korw, rest, kürwel, mang, mandel oder waan einige Entsprechungen, die jeweils eine besondere Korbform bezeichnen. Eine ähnliche Begriffsvielfalt kann man bei der Bezeichnung des Nutzviehs beobachten.

Der Eifeldialekt ist reich an bildhaften Ausdrücken, die häufig an Stelle abstrakter Begriffe benutzt werden. Die Ausdrucksweise ist dabei oft sehr deftig. »Hen well mot de jruuße Honne seche on krecht et Been net op jehove« (»Er will mit den großen Hunden pinkeln und kriegt das Bein nicht gehoben«) heißt es, wenn jemand eingebildet und hochmütig ist.

Besondere Dialekte sind die unter der Bezeichnung »Jenisch« laufende Händlerdialekte, die aus Neroth oder Speicher überliefert sind. Steinguthändler, Mausefallenkrämer und allerlei anderes »fahrendes Volk« haben diese Geheimsprachen gepflegt.

Auch an den Eifeldialekten macht sich der sprachformende Einfluss der Schule und der Medien bemerkbar. Nachdem über Jahrzehnte hinweg Dialekt als minderwertige Sprachform betrachtet wurde, kann man auch im Eifelraum eine Emanzipation der Dialektsprecher erkennen. In den Publikationen der Eifeler Geschichtsvereine, des Eifelvereins oder bei Kulturzeitschriften wie dem in St. Vith erscheinenden »Krautgarten« zeigt sich die Tendenz zu der Auffassung, dass Dialektbeherrschung als eine wichtige kommunikative Möglichkeit begriffen wird.

Da die Eifel in weiten Teilen über Jahrhunderte nur sehr schlecht an den restlichen deutschen Sprachraum angebunden war, hat sich das Moselfränkische in relativ unverfälschter Form erhalten. So gibt es noch einen umfangreichen eigenen Wortschatz. Die zweite Lautverschiebung wurde nur teilweise durchgeführt. Auch in der Grammatik zeigen sich einige interessante Eigenarten wie die Eifeler Regel, nach der auslautendes -n vielfach entfällt. Die Zahl zwei wird im Eifeler Moselfränkisch, wie im hochdeutschen die Zahl eins, nach Geschlecht dekliniert. Beispiele: zwu Frauen, zweng Männer, zwee Heiser (Häuser). Spricht man von zwei Männern, heißt es: de zweng; bei zwei Frauen: de zwee; bei einem Mann und einer Frau ebenfalls: de zwee.

Ein Beispiel für Verbformen des Verbs »bauen«: Eich bauen, Dou boschs, Hean boscht, sei boscht, et boscht, mier bauen, Dir baut, sei bauen; gebaut – jeboscht

Diese Verbform ist ein gutes Beispiel für eine Aussprache, die vielen heute nicht mehr leicht über die Lippen kommt. So werden die Formen Dou boschs, hean boscht heute kaum noch gesprochen und durch »Dou boust«, »Hean baut« ersetzt.

Die Kartoffel variiert auch sehr stark von Nord nach Süd. Während in der südlichen Eifel die Kartoffel, ähnlich wie im benachbarten hunsrücker Raum, als Grumbeer (von Grundbirne) bezeichnet wird, wandelt sich die Bezeichnung je nördlicher die Region liegt. In der Mitteleifel wird die Kartoffel als Krumper bezeichnet, während sie z.B. in der Dauner Gegend regional abweichend auch Schrumper genannt wird und in dem am Nordrand der Eifel gesprochenen Eischwiele Platt Eapel heißt.

Von Süden nach Norden gibt es abgesehen von den Unterschieden zwischen einzelnen Dörfern auch systematische Unterschiede. So werden Wörter, die mit »g« beginnen im Bitburger Gutland (Bekof) auch so ausgesprochen. »Goden Dach, wie geht et? – Ganz God.« Nördlich davon werden diese Wörter mit »j« gesprochen. »Joden Dach, wie jed et? – Janz Jod.« Die Grenze verläuft laut Sprachatlas der Rheinprovinz in Deutschland entlang einer Linie nördlich Dasburg-Neuerburg-Kyllburg-Manderscheid-Kaisersesch-Andernach und jenseits des Rheins bei Altenkirchen.

Das Wort »schön« hat viele Varianten: schong (Richtung Islek), sching (Bekof), schin (Niederhersdorf), schalong (Region Daun).

Auch die Formen des »schön« sind im Rückzug begriffen. Vielen erscheinen diese Ausspracheformen zu derb. Es wird dann zu »Dat as awer schön«, was dann allerdings etwas aufgesetzt und alles andere als (moselfränkisch) entlabialisiert klingt.

Sehr viele Sonderformen sind mittlerweile stark abgeschliffen und an die Standardsprache angepasst. So wurde etwa noch vor fünfzig Jahren ein Kind in Lind (Ahr) aufgefordert: »Jangk ens ahn de Luëch!« Heute würde es vielerorts eher so klingen: »Jeh ma an de Luff!« (Übersetzung: »Geh mal an die Luft!«).

Die Eifler Mundart unterscheidet sich von der luxemburgischen Sprache besonders durch deren zahlreiche französische Lehnwörter. Französische Lehnwörter gab es im Bekof ebenfalls zahlreich, diese sind aber heute wenig gebräuchlich: Plafong (Zimmerdecke), Parplü (Regenschirm), Trittoir (Bürgersteig), Fuschett (Gabel), die Liste kann noch endlos weiter geführt werden. Festzustellen ist auch die Verdrängung eigenständiger Moselfränkischer Begriffe durch hochdeutsche: »Den ass bestoht«, heute: »Den ass geheiroat« (Der ist verheiratet). »Teschen« oder »teschent«, heute: »zweschen« (zwischen) usw.

Der Michelsdaach im Brauchtum der Eifel

Wenn die Nächte wieder länger als die Tage werden, beginnt mit dem Fest des Erzengels Michael (29. September) das Ende der Erntezeit. Der Überlieferung nach war Michael der Engel mit dem Schwert, der Adam und Eva aus dem Paradies trieb und den Lebensbaum bewachte. Michael wurde zum Schutzpatron der Kirche und des deutschen Volkes – daher der Ausdruck »deutscher Michel«.

Die alte Redewendung »Der Michel zündet's Licht an« weist darauf hin, dass einst, als man noch nicht an Gas- oder gar Elektrobeleuchtung dachte, ab dem Gedenktag bei Kunstlicht (Öllampen) gearbeitet wurde, und das bis Lichtmess (2.2.). Die Frauen fingen mit Einkochen an, trafen sich in Spinnstuben, »Lichtstuben«, um Wolle zu spinnen und Flachs zum Weben vorzubereiten. Diese Abende wurden abwechselnd auf den Höfen abgehalten. Sie dienten neben dem Broterwerb in der dunklen Jahreszeit auch als geselliger Treffpunkt der unverheirateten Frauen. Burschen durften die Mädchen am Ende des Abends besuchen und nach Hause begleiten – damals eine der wenigen Gelegenheiten, eine Beziehung anzubahnen.

Die Männer mussten jetzt das Getreide dreschen und die Arbeitsgeräte ausbessern. Als man noch in Handarbeit drusch, gehörte Dreschen zu den schwersten Arbeiten, die auf dem Hof anfielen. Dreschersuppe nannte man die kräftige mit in Schweineschmalz gebratenen Zwiebelringen angereicherte Brotsuppe damals.

Zum Brauchtum des Micheltages gehörten die Michelgans und das Michelfeuer. Früher haben die Menschen in der aufziehenden Dunkelheit das Wirken böser Mächte gesehen, die mehr und mehr Gewalt über die Erde gewinnen wollten. »Um Michaeli in der Tat, gedeiht die beste Wintersaat« – als Wetter- und Lostag zum Ende des Vierteljahres war der Michaelistag den Bauern wichtig. Am Micheltag wurde nicht gearbeitet; der Bauer lud die Mägde und Knechte zum Essen ein und vielerorts war der Michelstag Anlass für Kirchweihfeste und Märkte.

In der Eifel galt darüber hinaus, dass man das Vieh nun laufen ließ, Zaunschranken waren aufgehoben.

Die Hausfrau und ihre vielfältigen Aufgaben

Arbeit ist des Bürgers Zierde,
Segen ist der Mühe Preis:
Ehrt den König, seine Würde
Ehret uns der Hände Fleiß.

(Schiller)

Häusliche und landwirtschaftliche Arbeiten prägten das Leben der Eifeler Landfrauen durch die Jahrhunderte hindurch. Sechs von zehn Familien lebten bis in das 20. Jahrhundert hinein von der Landwirtschaft, erst in den beiden letzten Jahrzehnten ging dieser Anteil als Folge der neuen Struktur- und Wirtschaftspolitik zurück. Während es im 19. Jahrhundert vorherrschend kleinbäuerliche Familien mit geringem Landbesitz waren, die sich selbst versorgten, sind es heute andere Betriebsstrukturen mit Industriecharakter.

Frauen waren als Bäuerinnen, Mägde oder Tagelöhnerinnen tätig, versahen wichtige Arbeiten in Haus, Hof und Stall, waren Mütter mit all den dazugehörigen Aufgaben und hatten dennoch nur eine schwache soziale und rechtliche Stellung.

Der wichtigste Arbeitsplatz der Frau war das Haus, wo Kochen und Waschen, Buttern und Brotbacken, Einmachen und Kindererziehung zu ihren festen Pflichten gehörten. Hinzu kamen, zumal Wintertags das Spinnen, Weben, Stricken und Nähen, die tägliche Aufräumarbeit in Küche, Spind, Futter- und Waschküche.

Daneben lag auch die Bewirtschaftung des großen Bauerngartens in ihrer Obhut: Das reichte vom Umgraben, Säen und Jäten bis hin zur Ernte des Gemüses, der Beeren, der Kräuter und Heilpflanzen, der Pflege und

Unterhaltung des Gartens. Dass die Landfrau Kenntnisse über Heilkunst besaß und diese im Ernstfall anwandte, ist hier müßig zu erwähnen.

Vielfach gehörte der gesamte Stalldienst in ihren Aufgabenbereich. Vor allem die Gewinnung und Verwertung der Milch verfolgte sie mit großem Schaffensdrang, Füttern und Ausmisten gehörten zur Tagesarbeit. Sie kümmerte sich um das Kleinvieh wie Hühner, Enten, Gänse oder Ziegen, hier leistete sie wahre Schwerstarbeit.

Gemeinsam mit dem Mann versah sie gewisse Arbeiten auf dem Feld. Während der Aussaat und besonders in der Erntezeit war ihre Mitarbeit unverzichtbar. In Kriegszeiten, als die Männer abberufen waren, ging sie hinter dem Pfluge her, schwang den Dreschflegel oder fuhr mit dem Ochsengespann das Getreide ein. Eine der wichtigsten Feldarbeiten war das Setzen und Lesen der Kartoffeln. Diese Frucht galt als das Grundnahrungsmittel, und wenn es einmal zu Missernten kam, war die Ernährung der großbäuerlichen Familie in höchster Gefahr. Das Einbringen der Kartoffelernte war für die kleinbäuerlichen Familien von größter Wichtigkeit, stets hatte die Bäuerin auf gutes Gedeihen zu achten. Ihr Einsatz im Rübenfeld, bei der Heuernte, beim Garbenbinden und Ährenlesen, beim Reinigen des Getreides und beim Dreschen galt als besonders wichtig. Hinzu kam die Verpflegung auf dem Feld, wobei die Kinder vielfach halfen und Botengänge übernahmen. Bei der Heu-, Getreide- und Kartoffelernte wirkten zusätzliche Tagelöhner(innen) mit, damit die Arbeiten überhaupt bewältigt werden konnten.

Ausdauer und körperliche Kraft verlangten der Bäuerin viel ab. Nicht selten brachen plötzliche Erkrankung und Schwächung ihr Arbeitsleben abrupt ab, so daß sie durch fremde oder eigene Kinder ersetzt werden musste. Hier soll auch nicht verschwiegen werden, dass sie von den Männern oft über Gebühr ausgenutzt und beherrscht wurde. Vor allem in Zeiten der Not oder Schwangerschaft war es ihr oft einfach zu viel.

So wurde aus einem frohen und kräftigen Mädchen nur allzu schnell eine alternde Frau mit faltigem Gesicht und zerfurchten Händen. Das Bild einer solchen Bäuerin zeichnet Clara Viebig eindrucksvoll in ihrem Roman »Das Weiberdorf« (Eisenschmitt bei Wittlich).

Häufige Schwangerschaften bildeten für die geplagte Eifelbäuerin (war es in anderen Landstrichen anders?) keine Ausnahmesituation. Die täglichen Arbeiten in Haus, Hof, Stall und Feld gingen weiter; bis wenige Tage vor der Niederkunft gab es keine Unterbrechung, fremde Mithilfe wollte man tunlichst vermeiden. Fehlgeburten und hohe Säuglingssterblichkeit waren wohl auch eine Folge der übermäßigen Strapazen, eine medizinische Grundversorgung war unbekannt. Zehn und mehr Kinder waren keine Seltenheit. Starb eine Frau im Wochenbett, heiratete der Mann möglichst schnell, allein hätte er den Hof nicht bewirtschaften können.

Die Betreuung und Erziehung der Kinder oblag fast alleine der Frau. Oftmals musste diese Versorgung der Kinder den alltäglichen Arbeiten untergeordnet werden. Größere Geschwister sprangen ein, kümmerten sich um die Kleinen und erledigten leichtere Hausarbeiten. Erziehung als wissenschaftliche Aufgabe war unbekannt, man führte die Kinder in die einzelnen Abläufe ein, kontrollierte und strafte, gab strenge Anweisungen und altersgerechte Aufgaben wie das Viehhüten oder das Lesen von Gartenfrüchten. Durch Nachahmung erlernten die Zöglinge Schritt für Schritt bäuerliche, häusliche und technische Arbeitsabläufe. So war die Erziehung von praktischer Arbeit geprägt und von Grundsätzen der Solidarität, der Verantwortung und von christlichen Moral- und Ordnungsvorstellungen.

Bis zur Einführung der allgemeinen Schulpflicht zu Beginn des 19. Jahrhunderts ging nur etwa die Hälfte der Mädchen und Jungen zum Unterricht. Zu sehr wurde ihre Arbeitskraft im Haus gebraucht. Erst allmählich setzte sich der Gedanke durch, Kinder auch »bilden« zu lassen. Vielfach standen als Erziehungsziele vaterländische und religiöse Inhalte im Mittelpunkt, das Praktische erlernte man zu Hause.

Das Rollenverständnis war klar: Jungen sollten handwerkliche und technische Interessen entwickeln, Mädchen nach dem Vorbild der Mutter eine untergeordnete Stellung im Familiengefüge übernehmen.

Nur sehr selten kam es vor, dass Frauen sich in bürgerlichen Haushalten verdingten. Ihre soziale Beziehung zu der eigenen Familie war zu stark, weitere Ausbildungs- und Erwerbsmöglichkeiten gab es nicht. Mädchen und Frauen ohne Grundbesitz mussten so in einer bäuerlichen Haushaltsfamilie arbeiten und sich ihren Lebensunterhalt verdienen.

Die rechtliche und soziale Stellung der Frau war gegenüber dem Mann eher trostlos. Da die Männer alle rechtlichen und geschäftlichen Dinge zu regeln hatten, darüber hinaus in der Öffentlichkeit ein Amt bekleideten oder ins Wirtshaus gehen durften, war die Frau »von Natur aus« untergeordnet. Ihr Einfluss blieb auf das Haus beschränkt. Wertschätzung und Anerkennung gab es selbst für alte Frauen kaum, die ein Leben lang geschuftet hatten und im Alter zwar zu Hause lebten, aber ohne besondere Aufmerksamkeit ihre letzten Jahre verbrachten.

Ein interessantes Zeitbild zu Beginn des 20. Jahrhunderts ist die folgende Veröffentlichung aus »Die Eifelbäuerin«, dem Organ der Haushaltungsschulen der Eifel und gemeinnütziger Frauenvereine, erschienen am 27. Januar 1912 in Prüm:

»Hütet Euch vor dem Höher Hinaus!

Schauen wir nun mal auf die Töchter und zwar speziell auf die Töchter unserer Landleute, so bemerken wir leider nicht selten eine große Unzufriedenheit unter den Mädchen. Es gefällt ihnen nicht mehr in den einfachen Verhältnissen, der Sinn steht nach der Stadt und ihren Vergnügungen. Wie kommt das und wer trägt die Schuld daran?

Da ist eine wohlhabende Bauernfamilie. Zwei heranwachsende Töchter, hübsche stattliche Mädchen, sind der Stolz der Eltern. Die Mutter will möglichst viel aus den Kindern machen, städtische Manieren sollen sie sich aneignen und feine Bildung. Sie kommen also in Pension und nach Jahresfrist sind die drallen Landmädels zierliche Modepüppchen geworden, die sich auf allerlei feine Arbeit verstehen, einen Walzer auf dem Piano herunterspielen können und sogar ein bisschen Französisch aufgeschnappt haben. Nur die Hauswirtschaft ist ihnen ein Buch mit sieben Siegeln.

Wenn die Mutter, die fleißige Bäuerin, bald nach Sonnenaufgang an ihre Arbeit geht, dann schlafen die Prinzesschen noch ein paar Stunden fest in ihren weichen Kissen. Das geht ein bis zwei Jahre so weiter, bis der Vater seinem Ärger gründlich Luft macht und gebieterisch verlangt, dass der Nichtstuerei jetzt ein Ende gemacht werde. Wenn nur ein Freiersmann käme! Aber kein Bauer will die verwöhnten Dämchen. Und sie selber wünschen sich auch ein anderes Los. ›Beamtenfrauen in der Stadt‹ möchten sie werden oder ein städtischer Kaufmann würde eine ›passende Partie‹ sein. Des lieben Geldes wegen kommt dann die ersehnte Heirat vielleicht zustande – aber wo bleibt das Glück unter solchen Verhältnissen?

Verständige Bauernfrauen sollten ihre Kinder nach dem Althergebrachten erziehen, in einfacher Weise, wie es sich fürs Land schickt. Die Bauerntochter sollte die Haus- und Landwirtschaft gründlich lernen und zwar nicht bloß daheim bei der Mutter, wenn möglich auch noch in einem anderen ländlichen Haushalt, vielleicht auf einem Nachbarhof oder einem Gut, wo sie tüchtig mit angreifen muss und ihr auch die Leitung über dies und jenes übertragen wird. Auch der Besuch einer Kochschule, welche die ländliche Küche berücksichtigt, ist empfehlenswert.

Wir brauchen tüchtige Bauernmädchen, die dereinst tüchtige Frauen geben, damit der Bauernstand auf Grund seiner guten häuslichen Verhältnisse auf der Höhe bleibt, der Bauer mit Lust und frohem Sinn an seine Arbeit geht, die Landwirtschaft blüht und nicht zum letzten ein kräftiges, nervenstarkes, junges Geschlecht auf dem Lande großgezogen wird. Auf der Bäuerin ruht eine gewisse Verantwortlichkeit. Darum ist es von hoher Wichtigkeit, dass sie richtig erzogen wird. Sonst gibt's ein Unglück im Ehestand. Ich selber war einmal Zeuge einer solchen unglücklichen Ehe. Da hatte ein reicher Bauer sich das schönste Mädchen des Dorfes zur Gattin gewählt, auch eine wohlhabende Bauerntochter. Die Hochzeit wurde mit großem Pomp gefeiert, und die Gäste meinten, der Lebensweg dieser jungen Eheleute würde nur eitel Sonnenschein sein. Aber es kam ganz anders. Die junge Frau war in einem feinen Institut verbildet worden, geringschätzig blickte sie auf die ländliche Arbeit und mit den Dienstboten wusste sie erst gar nicht fertig zu werden. Nach wenigen Jahren ging alles drüber und darunter, der Bauer suchte seine Erholung und sein Vergnügen auswärts; den Kindern fehlte die sorgsame Pflege, sie blieben schwach und zart, und die Nachbarn tuschelten zusammen: ›Da wird bald Haus und Hof unter den Hammer kommen!‹

Wer die Zukunft seiner Tochter sicherstellen will, ihr zu Glück und Wohlstand verhelfen möchte oder ihr denselben erhalten will, der erziehe sie schlicht und einfach, ihrem Stande angemessen und lehre sie die Tüchtigkeit der Eltern hochschätzen und den väterlichen Beruf, der an Gottes schöne Natur gebunden ist, aus Herzens Grund lieb gewinnen. Dann wird ihre Arbeit als fleißige Haustochter und später als pflichtgetreue Ehefrau auch sicher in Garten und Feld von Erfolg gekrönt sein.«

Wie das duftet!

Wie roch es früher im Haus, wenn die Mutter Obst »einmachte« oder Beeren zu Säften und Marmelade verkochte! Dieses Aroma konnte durch nichts übertroffen werden. Holunderbeerschale, Heidelbeeren mit Bier, Stachelbeerkompott, Rhabarbermus oder Himbeersaft – alles leckere Nachspeisen, die heute vielfach in Vergessenheit geraten. Noch poetischer klingen Namen wie »Feenkönigin« und »Errötendes Mädchen« – ebenfalls Süßspeisen aus der Region.

Die Eifel, ein rau' Land – so wurde sie oft beschrieben, milder dagegen die Moselgegend, wo Obst und Gartenfrüchte besser gedeihen konnten. Beiden Regionen jedoch war das gemeinsame Sorgen um den Vorrat für die Wintermonate. Aus Wildenburg (Kreis Euskirchen) wird vor 80 Jahren überliefert, »dass nur wenig Obst zur Verfügung stand, dafür umso mehr Waldfrüchte.« Man erntete Wald-, Preisel-, Himbeeren und Brombeeren sowie wilde Erdbeeren. Auch Schlehen wurden gesammelt, »die sofort in einer Bratpfanne geschmort und verzehrt wurden«, wie überliefert ist.

Waldbeeren, in Prüm »Molberen« genannt, wurden in der gesamten Eifel und im Moselraum gepflückt, wobei man einen »Kamm« zur Hilfe nahm. In großem Ausmaß geschah dies in Brück (Vulkaneifelkreis). »1899 wurden täglich zwei Fuhren mit Beeren zum Bahnhof durchgeführt«, schreibt Heimatforscher Peter Weber aus Wershofen. Auch in der westlichen Eifel machten sich besonders die Kinder mit Milchkannen, die mit einem Seil am Gürtel befestigt waren, in die heimischen Wälder, um nach Beeren auszuschwirren.

Rote Johannisbeeren, in der Südeifel »Ruut Krischele« genannt, wurden meist zu Gelee verarbeitet, mit Schwarzen Johannisbeeren zauberte die Hausfrau einen schmackhaften Likör. Stachelbeeren (»Deck Krischele«) kochte man zumeist in Gläser ein. »Diese Frucht diente im Winter als Kuchenbelag«, weiß Anna Metz aus Wittlich.

»Kratzbeeren« nannte man wegen ihrer Stecheigenschaften in der Vulkaneifel die Brombeeren. »Neben den Früchten erntete man auch die Blätter und Wurzelteile, was vielseitig als Heilmittel eingesetzt wurde«, schreibt die Eifelautorin Sophie Lange aus Nettersheim. Beliebt als Nachspeise waren an der Mosel und in der Eifel auch gezuckerte Waldbeeren, die mit Viez übergossen wurden. Ansonsten wurden Brombeeren zu Gelee verarbeitet und waren hochgeschätzt.

Im Tal der Kyll bereiteten die Hausfrauen vielfach Rhabarberkompott, das als Gemüseersatz auf den Tisch kam. »Von einem saurem Kompuß aus sauren Kirschen gereicht zu Fischgerichten« weiß ein Himmeroder Klosterrezept. Zwetschgen, in der Eifel »Quetschen« genannt, Birnen und Äpfel (damit waren meist minderwertige »Holzäpfel« gemeint) bildeten die Grundlage für Mus. »Ääpelkompott, Birremus un Quetschekrout jehuurten eefach op dn Desch«, weiß der Volksmund in Daleiden (Eifelkreis Bitburg-Prüm).

Aus St. Vith (Belgien) ist überliefert, dass man Holzäpfel zum Nachreifen in einer Höhle des Heuhaufens lagerte. »Die Höhle wurde dann wieder mit dem Heu verschlossen, so dass die Äpfel hübsch weich wurden«, erzählt Sophie Lange in ihrem Kochbuch. Wertvollere Äpfel lagerten die Moselaner im Keller auf einer Stellage – einzeln verlegt. Sie wurden im Winter roh gegessen oder zu Bratäpfeln verwandt. »Wacholderbeeren auf der Herdplatte, bratende Äpfel in der Pfanne – das war ein herrliches Duftgemisch«, sagt Anna Metz.

Rezepte aus der Eifelküche mit Beeren und Obst

Rezept 1: Errötendes Mädchen

Das Beerenobst verlesen, waschen und abtropfen lassen. Gelatine in kaltem Wasser einweichen und im Wasserbad auflösen. Eigelb und Zucker schaumig schlagen und den Saft der Zitrone, den Rum sowie die aufgelöste Gelatine unter Rühren dazugeben und mehrmals umrühren. Sobald die Speise zu gelieren beginnt, das geschlagene Eiweiß und die Sahne unterheben. Mit den Beeren in hohe Gläser lagenweise einschichten. Mit einem Sahnetupfer verzieren.

Rezept 2: Rhabarber mit Pudding

Den Rhabarber putzen, gründlich waschen, in Stücke schneiden und einzuckern. Sobald er Saft gezogen hat, wird er mit dem Vanillezucker und einem Stück Zitronenschale auf kleiner Flamme zu Kompott gekocht und noch heiß in eine Puddingschüssel gefüllt. Den Pudding kochen, über den Rhabarber geben und warm servieren.

Rezept 3: Feenkönigin

Die entsteinten Sauerkirschen in Wein ziehen lassen. Die Gelatine auflösen, Sahne sehr steif schlagen. Kirschen und aufgelöste Gelatine unter die Sahne heben und mit Zucker abschmecken.

Selbstversorgung dank Garten und Stall

Vom eigenen Hof stammten die Erzeugnisse, die der Bevölkerung als Nahrung dienten: Fleisch, Milch, Eier, Gemüse, Früchte, Obst und Salat. Vom Feld kamen die Kartoffeln, Hülsenfrüchte, Getreide, Kohlgemüse und Obst. Erbsen, Bohnen, Dicke Bohnen und Linsen wurden meist neben dem Kartoffelacker in einem eigenen kleineren Feld angebaut.

Als Hauptgemüse galt der »Weiße Kappes« (Weißkohl), der im Hause zum allseits beliebten Sauerkraut verarbeitet wurde. Hierzu wurden Weißkrautköpfe gesäubert und »gehobelt«, das Kraut in »Maandeln« in den Keller getragen und dort in den »Kappesstein« oder »Mus-Stein« eingefüllt. Jetzt wurde es eingetreten und mit Salz gewürzt. Abgedeckt wurde das Mus-Deppen mit einem weißen Tuch, einer Schieferplatte und einem darauf ruhenden Stein. Eine ähnliche Konservierungsmethode gab es bei den Grünen Bohnen (Stangenbohnen), die der Länge nach geschnitten und in Seintöpfe geschichtet und eingestampft wurden.

Kohlrabi gab es seltener, dafür um so häufiger »dicke Bohnen«, auch »Saubohnen« genannt. Sie waren besonders nahrhaft und machten wenig Arbeit. Im Bauerngarten fand die Hausfrau Möhren, Rote Beete, Gurken, Stangen- und Buschbohnen. Im Sommer gab es Kopfsalat, im Herbst Endivien und im Winter Feldsalat. Johannis- und Stachelbeersträucher fehlten in keinem Garten, Rhabarber kam erst um die Jahrhundertwende in die Eifeler Küche.

Lauch und Zwiebeln galten als Hauptgewürze für die Speisen, Knoblauch nutzte man als Schlachtgewürz. Schnittlauch, Petersilie, Dill und Bohnenkraut ergänzten das Gewürzsortiment aus eigenem Anbau.

Gurken, Rote Beete und Perlzwiebeln legte man in Weinessig ein. Möhren bewahrte man im Keller in einer Kiste Sand auf. Zwiebeln und Knoblauch ließ man nach der Ernte einige Wochen im Schuppen trocknen, ehe sie auf dem Speicher ausgebreitet wurden. Hülsenfrüchte wie Erbsen und Linsen wurden gebündelt und ebenfalls im Schuppen aufgehängt.

Obst wie Äpfel, Birnen und Zwetschgen machte man durch Trocknen haltbar. Hierzu schob man es, auf Lattengittern liegend, nach dem Backen des Brotes in den Ofen, der noch mittelmäßig heiß war. Dörrobst gab es besonders im Winter als Beilagen zu Mehlspeisen.

Als Sammelfrüchte aus Feld und Wald galten die Heidel- und Walderdbeeren. Diese wurden eingemacht, zu »Gelee« verkocht oder zu Wein angesetzt. Zwetschgen wurden zu »Kraut« verarbeitet, rote Holzäpfel und rote Johannisbeeren ergaben köstliche Gelees (»Jebeetz«). Doch die Mengen an Marmeladen waren selbst in wohlhabenden Häusern bescheiden, da der Zucker zu teuer war. Oft gab es wochenlang überhaupt keinen zu kaufen. Obst- und Pfannkuchen wurden selten mit Zucker bestreut, Kaffee und Milch nie gesüßt. »Hut-Zucker« kam in geringen Mengen aus Luxemburg. Dieser wurde mit dem Hammer auf dem Tisch, der zuvor mit einem weißen Tuch bedeckt wurde, kleingeschlagen.

Gekauft wurde stets nur, was man selbst nicht herstellen konnte: Salz, Pfeffer, Nelken, Muskatnuss, Hefe, Natron, Essig, Öl, Nudeln und Reis.

Brot wurde im hauseigenen »Baackes« oder im Gemeindebackhaus gebacken. Brot wurde außerordentlich gerne gegessen. Nach dem Backvorgang, der zwei Stunden dauerte und sehr gewissenhaft durchgeführt wurde, blieb das Brot zunächst einen Tag lang liegen, ehe es angeschnitten wurde. Das »Kneisjen«, der Anschnitt, war besonders begehrt und wurde von den Kindern ohne Aufstrich gegessen. Ansonsten schätzte man als

Brotaufstrich hausgemachte Butter, Sirup, Marmelade, verschiedene Hausmacher Wurstsorten und »Klatschkies« (selbstgemachter Quark). Vielfach genügte jedoch nur gute Butter. »Brot von einem Tag und Butter von einer Stunde, das schmeckt dem Munde«, sagt der Eifeler Volksmund bis heute.

Zu den beliebtesten Kuchensorten zählten bis um die Jahrhundertwende die »Toarten«. Hefetorten bestanden aus Weißmehl und wurden mit Mus aus getrockneten Birnen, Zwetschgen und Äpfeln bestrichen. Seit etwa 1900 kamen Rhabarbertorten, Grießmehl- und Zuckertorten hinzu. Cremekuchen mit Sahne, Kakao und süßen Verzierungen gelangte erst in den 50er Jahren auf den Tisch. Der »Bont« war ein Trockenkuchen, der in einer hohen Gugelhupfform gebacken wurde. Als Kleingebäck gab es in der Eifel vielfach Plätzchen, Zuckerwäffelchen, die zu Tütchen aufgerollt waren, und die beliebten Butterwaffeln. Diese wurden in einem eingefetteten Waffeleisen, das in den Herd eingelassen wurde und drehbar war, gebacken.

Butter und Käse stellte man selbst her. Mit Hilfe eines »Beschels«, eines hölzernes Butterfasses, in dessen Inneren sich ein Flügelrad bewegte, oder eines Stoßbutterfasses verarbeitete man den Rahm zu Butter. In größeren Bauernhäusern kam man bei zweimaligem Buttern in der Woche auf beachtliche Mengen, die teilweise verkauft wurden. An Käsesorten waren bekannt: »Weißer Käse« oder »Klatschkäse« (Quark), Buttermilchkäse, »faule Kies« (Kochkäse) und Kälberkäse. Grundlage war immer die Dickmilch, die erwärmt und mit Salz und Pfeffer gewürzt wurde. Die Käsemassen bewahrte man in Steintöpfen auf, die kühl gelagert wurden. Käse aß man stets auf dem Brot.

Geschlachtet wurde stets in der kalten Jahreszeit: die Tage um Allerheiligen, Weihnachten und später um die Fastnacht schienen hierfür besonders geeignet.

Man schlachtete meist ein eineinhalb Zentner schweres Schwein, ein Rind dagegen nur jedes zweite Jahr.

Am Morgen des Schlachttages brachte man Wasser in einem großen Kessel zum Kochen. Mit einem Axthieb wurde das Tier betäubt, mit einem Schlachtmesser gestochen. Das Schwein legte man auf eine Tischplatte, übergoss es mit kochendem Wasser und schabte die Borsten ab. Seltener sengte man die Borsten. Das Tier wurde an einer Leiter aufgehangen und ausgenommen. Nachdem es zwei Tage abgehangen hatte, wurde es »kleingemacht«. Besonders sorgsam wurden die Schinken herausgetrennt, wobei Speck und Schwarte nicht gelöst wurden.

Nach dem Zerkleinern gelangte das Fleisch in eine große Holzbütte, die meist im Keller stand. In einigen Häusern gab es einen viereckigen gemauerten Steinbottich. Hier wurden die Fleischstücke eingelegt: zuerst die Schinken mit der Schwarte nach oben. Dann folgten die Bauchstücke (»Bochlappen«), der »Juud« und die Rippenstücke. Zwischen die einzelnen Lagen wurden Zwiebelstückchen, Knoblauch und Salz gestreut. Die Schinken waren zuvor besonders sorgsam mit Pfeffer und Knoblauch eingerieben worden. Diesen gesamten Vorgang nennen die Eifeler »solpern«.

Das weniger wertvolle Fleisch verarbeitete man zu »Sauergescheck« (sauer eingelegt), »Schilli« (Fleischsülze aus gesolpertem Fleisch, Schwarte, Ohren, Füßen), »Presskopp« (kalt aufgeschnittene Fleisch-Sülze-Masse) oder »Fleeschwurscht« (durch den Fleischwolf gedrehtes Magerfleisch, im Darm abgefüllt).

Weitere Wurstarten waren Blut-, Leber- und »Kappeswurscht«. Letztere war ein Mix aus Leberwurst und gewürztem Weißkohl, der gebraten gegessen wurde. Zum Abschluss der Schlachtarbeit wurde das Fett ausgelassen. »Schmalzfedern« und Speckabfälle wurden in Würfel geschnitten und ausgebraten. Das Griebenschmalz diente als Brotaufstrich oder zum Anbraten von verschiedenen Gerichten wie etwa Bratkartoffeln.

Nach dem Solpervorgang – Fleisch und Speck verblieben drei Wochen, Schinken sechs Wochen im Pökelsalz – erfolgte das Räuchern. Das Aufhängen im Schornstein, später im »Räucherhäuschen« erledigten die Männer. Buchenholzmehl und Wacholderzweige gaben dem Fleisch und der Wurst ein unverwechselbares Aroma. Fleischstücke wurden etwa vier Wochen, Schinken sechs Wochen geräuchert. Danach bewahrte man sie an einem luftigen Ort unter dem Dach auf. Schinken hüllte man hierbei in Leinensäckchen ein, um sie vor Ungeziefer zu schützen.

Im Winter konnte man frisches Fleisch einige Tage in der kalten Luft aufbewahren, ohne es zu salzen. Bei Bedarf nahm man es zum Braten oder Kochen. Koteletts waren besonders begehrt.

Gegessen wurde in den Eifeler Familien immer gemeinsam. Kinder mussten pünktlich zum Essen erscheinen. Nachdem alle am Tisch Platz genommen hatten, begann man mit dem Tischgebet. Das Ave Maria, das Vaterunser und »Liebreichster Jesus« oder »Der süße Name« waren feste Bestandteile des mittäglichen und abendlichen Tischgebetes. Im Winter kam das Angelusgebet hinzu und ein Gedenken an die Verstorbenen. Vor dem Frühstück und dem Nachmittagskaffee begnügte man sich mit einem Vaterunser und dem Kreuzzeichen.

Reichlich trinken, oder?

Der liebe Gott hat nicht gewollt,
dass edler Wein verderben sollt',
darum hat er auch zum Saft der Reben
den nötigen Durst hinzugegeben!

(Volksmund)

Der Hals ist mir trocken, als hätt ich verschluckt
die untergehende Sonne.
Herr Wirt! Eine Flasche Wein
aus eurer besten Tonne.
Es fließt der holde Rebensaft
hinunter in meine Seele
und löscht bei dieser Gelegenheit
den Sonnenbrand der Kehle.
Und noch eine Flasche , Herr Wirt! Ich trank
die erste in schnöder Zerstreuung,
ganz ohne Andacht! Mein edler Wein,
ich bitte dich drob um Verzeihung.
Jetzt aber steck ich die Nas ins Glas
und ernsthaft zuvor beguck ich
den Wein, den ich schlucke; manchmal auch,
ganz ohne zu gucken, schluck ich.

(Heinrich Heine)

Herr Durst ist ein gestrenger Mann,
der lässt sich gar nicht foppen;
ob's Wetter gut ist oder schlecht,
er geht nicht ab von seinem recht,
er fordert seinen Schoppen.
Und wer ihm den nicht geben will,
den quälet er tagtäglich,
er quält ihn hier, er quält ihn dort,
er quälet ihn in einem fort
und quält ihn ganz unsäglich.
Da gilt kein Ansehn der Person,
nicht Stand noch Würd' und Ehren:
Herr Durst, der kehrt bei allen ein,
bei Reich und Arm, bei Groß und Klein
und niemand kann's ihm wehren.
Ihn rührt kein Ernst, ihn rührt kein Spaß,
kein Pfeifen und kein Singen.
Ihr könnt ihn nicht durch Spott und Hohn,
ihr könnt ihn nicht durch Schmäh'n und Drohn
von seiner Forderung bringen.
Drum macht's wie ich: Ich bin bereit,
sein Schöpplein ihm zu zollen.
Und lässt er mich dann nicht in Ruh',
trink ich ihm noch ein zweites zu,
dann hört er auf zu schmollen.

(Hoffmann von Fallersleben)

Liebeserklärung eines Bierfreundes

Wie gärt es dir?
Ich hopfe gut!
Du Sonnenschein in meinem Märzen!
Brau' doch vorbei, wenn ich mich so drauf bräu,
und malz mich fest –
ich gerste gleich vor Bock!
Und wenn da manche sagen, dass du fremdgärst:
was pilsen sich die Leute ein, dass sie solchen Sud
zapfen?
Ich aber stiegle dich und werd dich immer stiegeln,
und drum verzeih' auch du mir meinen letzten
Seitelsprung!
Wo lagerst du die ganze Zeit?
Ich habe jedes Brauhaus schon nach dir
durchstüberlt.
Ich hopf', du weizt, dass ich stets lieb dich halbe,
drum sag' ich dir nochmalz:
Ich werd dich immer stiegeln!

Die Liebe gleicht einem Suppentopf,
drin Hammelfleisch und Knochen.
Wenn du nicht stets das Feuer schürst,
dann hört es auf zu kochen.

Genieße, was dir hier beschieden,
entbehre ganz, was du nicht hast.
Ein jeder Stand hat seinen Frieden,
ein jeder Stand hat seine Last.

Sei zum Geben stets bereit,
miss nicht kläglich deine Gaben.
Denk: In deinem letzten Kleid
Wirst du keine Taschen haben.

Etwas das und etwas dies
Ist die ganze Kunst.
Nicht zu sauer, nicht zu süß,
bringt's dir reichlich Gunst.
Und was man einst am meisten pries
Wird später häufig eitel Dunst.

Im Namen des Schöpfers: Tischgebete

Vor und nach jeder Mahlzeit wurde früher im Eifeler Bauernhaus gebetet. Am Frühstückstisch betete die Familie ein Vaterunser und bekreuzigte sich. Mittags folgten dem Kreuzzeichen zwei Vaterunser und zwei Ave Maria. Das zweite Vaterunser wurde für die Verstorbenen gebetet und folgender Text hinzugefügt: »Der süße Name unseres Herrn Jesus Christus und seiner glorreichen Mutter sei gebenedeit und gepriesen jetzt und in Ewigkeit. Amen«. Nach dem Essen betete man dasselbe wie zuvor und flocht ein: »Gott, gib den Verstorbenen die ewige Ruhe und das ewige Licht leuchte ihnen«. Dann folgte wieder »Der süße Name …«.

Vor dem Nachmittagskaffee betete man nur selten, es folgte aber immer vor und nach der Mahlzeit das Kreuzzeichen. Beim Abendessen wurde Gleiches gebetet wie beim Mittagessen. Im Herbst und im Winter war es zudem in den Bauernhäusern üblich, beim Läuten der Angelusglocken den »Engel des Herrn« zu beten.

Übrigens: Auch außerhalb des Hauses wurde gebetet. So etwa, wenn man den ganzen Tag im Rübenfeld, im Wald, bei der Viehherde oder in der Heuernte beschäftigt war. Zu den Gebeten gehörten der Rosenkranz, der »Engel des Herrn« zum Angelus und kleine Heiligengebete. Interessant ist auch folgende Überlieferung: Vor der Beerenernte im Wald begründete eine ältere Frau das Beten des Rosenkranzes mit den Worten: »Dann finden wir mehr«.

Beispiele für Tischgebete

Empfange in Deinem Lichte die Speise, die Du uns gegeben,
erfüll' sie mit Deiner Liebe, mit Deinem Segen und Lebenskraft.

*

Das Brot vom Korn
Das Korn vom Licht
Das Licht aus Gottes Angesicht.
Die Frucht der Erde
Aus Gottes Schein,
Lass Licht auch werden im Herzen mein.

*

Es keimen die Pflanzen in der Erdennacht
Es sprossen die Kräuter durch der Luft Gewalt
Es reifen die Früchte durch der Sonne Macht.
So keimet die Seele in des Herzens Schrein
So sprosset die Geistes Macht im Lichte der Welt
So reifet des Menschen Kraft in Gottes Schein.

*

In deinen Früchten, Mutter Erde,
ruht das Geheimnis deiner Sonnenkraft.
Gib, Gott, dass in uns wirksam werde
Dein Geist, der alles lenkt und schafft.

*

Gott, von Dir kommt das Brot der Erde
und das lebendige Brot vom Himmel.
Hilf, dass wir Deine Gaben dankbar
empfangen und teilen mit allen,
die Deine Hilfe brauchen.
Amen

*

Vater, segne diese Speise,
uns zur Kraft und Dir zum Preise.

*

Allen Hunger, den wir haben,
stillen wir mit Gottes Gaben.
Alles Dürsten, das wir stillen,
stillen wir mit Gottes Willen.
Alle Sehnsucht ist erfüllt,
wenn Gott selbst als Nahrung quillt.

*

Sonne spendest Du und Regen,
gibst uns Heimat, Brot und Dach,
und auf allen unsern Wegen
geh'n uns Deine Augen nach.
Alles kommt aus Deinen Händen;
alles lebt, weil Du es willst;
alle unsre Not muss enden,
alles Leid, wenn Du es stillst.

*

Segne, Herr,
was Deine Hand uns in Gnaden zugewandt.
Amen.

*

Lieber Gott, wir sagen Dank,
für Deine Güte, Speis und Trank,
die Du uns täglich gibst aufs neu
und sorgst für uns in großer Treu.

*

Wir danken Dir, Herr Jesu Christ,
dass Du unser Gast gewesen bist.
Bleib Du bei uns, so hat's nicht Not,
Du bist das rechte Lebensbrot.

*

Speis uns, Vater, Deine Kinder,
tröste die betrübten Sünder;
sprich den Segen zu den Gaben,
die wir jetzo vor uns haben,
dass sie uns zu diesem Leben
Stärke, Kraft und Nahrung geben,
bis wir endlich mit den Frommen
zu der Himmelsmahlzeit kommen!

*

Lieber Gott, wir sagen Dank,
für Deine Güte, Speis und Trank,
die Du uns täglich gibst aufs neu
und sorgst für uns in großer Treu.

*

Lieber Gott, für unser Essen,
wollen wir nun nicht vergessen,
Dir zu danken jetzt und hier,
denn alles Gute kommt von Dir!

O Gott, von dem wir alles haben,
wir preisen dich für Deine Gaben,
Du speisest uns, weil Du uns liebst,
O segne auch was Du uns gibst

*

Vater, wir leben von Deinen Gaben.
Segne das Haus, segne das Brot.
Gib uns die Kraft von dem was wir haben,
denen zu geben die Hunger und Not.

*

Alle guten Gaben,
alles was wir haben,
kommt, o Gott, von Dir.
Wir danken dir dafür.

*

Segne, Vater, diese Speise,
uns zur Kraft und Dir zum Preise.

*

Komm, Herr Jesu, sei Du unser Gast
und segne, was Du uns bescheret hast.
Amen.

1. Segne, Herr, die Gaben Dein,
die Speis lass unsre Nahrung sein;
hilf, dass dadurch erquicket werd
der dürftig Leib auf dieser Erd.

2. Doch dies zeitliche Brot allein
kann uns nicht genug zum Leben sein;
Dein göttlich Wort die Seele speist,
hilft uns zum Leben allermeist.

3. Drum gib uns beides, Herre Gott;
hilf endlich auch aus aller Not.
So preisen wir dein Gütigkeit
hier und auch dort in Ewigkeit.

Tradition oder Moderne?

Überlieferte Hausrezepte gegen aggressive Neuorientierung

Auch in der Küche ist Kampf angesagt! Unter den Generationen gibt es verschiedene Auffassungen von »guter Küche«. Während die ältere Generation mehr an bewährten Traditionsrezepten festhält, lockt die Jugend mehr die internationale Küche. Italien, Griechenland, Kroatien oder China sind »in«, herzhafte deutsche Küche eher nicht.

Aber auch der deutsche Markt schläft nicht. Wie rührig die Industrie und die Werbung sind, mögen folgende Zahlen verdeutlichen: Nach einer Studie des Marktforschungsinstituts AC Nielsen, wurden alleine in Deutschland innerhalb des letzten Jahres

311 neue Tütensuppen
584 Feinkostsaucen
1561 Schokoladen
2505 alkoholfreie Getränke

neu auf den Markt gebracht. Die mittlere Entwicklungsdauer für ein neues Produkt beträgt dabei, nach einer Umfrage des Institutes für Betriebswirtschaftslehre der TU München, immerhin 8,5 Monate. Und das, obwohl der überwiegende Teil der vermeintlich neuen Produkte nur eine Variante schon vorhandener Lebensmittel ist. So stellte das gleiche Institut schon 1998 fest, dass von 25.000 neuen Produkten nur 2,2% wirklich neu sind. Dieser Anteil dürfte sich in den letzten Jahren nicht sehr weit nach oben bewegt haben.

Längerfristig durchsetzen kann sich dabei nur der geringste Anteil: Über 40% der neuen Lebensmittel sind ein Flop. Noch schwärzer sieht man die Lage beim Unilever-Konzern: Dort geht man davon aus, dass 65%

aller neuen Produkte innerhalb eines Jahres wieder vom Markt verschwinden. Neue Produkte der Getränkeindustrie sind dabei erfolgreicher, als die aus der fleischverarbeitenden Industrie.

Quelle: Die Zeit 06/2004 / Inst. f. Betriebswirtschaftslehre der TU München

Trinksprüche

Der Eifeler gilt gemeinhin als zurückhaltend, nicht aufdringlich, reserviert. Fremde glauben zunächst einmal, »schlecht an ihn heranzukommen«, es überwiegt die Skepsis. Das ist tatsächlich so, wie viele Begegnungen und Beobachtungen meinerseits ergaben. Um ein Klischee handelt es sich allerdings, wenn Fremde glauben, der Eifeler sei verschlossen oder gar geizig.

Ganz das Gegenteil ist der Fall. Nach einer gewissen »Aufwärmzeit« ist er schnell gesprächsbereit, offen und großherzig. Ist dann eine weitere Tür aufgestoßen – etwa beim gemeinsamen Essen oder beim Trinken an der Theke – wird sofort klar, dass der Eifeler ein gastfreundliches Wesen ist (hat). Er ist zu jedem Gespräch und ganz schnell auch zu Scherzen bereit. Dies zeigt sich besonders deutlich bei geselligen Anlässen. Spätestens dann spürt auch der letzte »Zugeroaste« oder Urlauber, dass die Sprache durchaus »kernig und deftig« sein kann.

Dieses zeigt sich im besonderen Maße auch bei Trink- und Esssprüchen, bei Redewendungen, in der Mundart oder bei heiteren Erzählungen. Gerne gibt er auch einen aus – nach dem Motto: »Wat trinkst dou daan?«, oder »Trank noch eene matt, stell dech net su an«. Allerdings: wenn er zweimal einen spendiert hat, erwartet er in froher Voraussicht dreimal einen zurück … Na dann: Prost!

Trinksprüche

Red' was wahr ist,
Iss' was gar ist
Trink' was klar ist

Sei stets vergnügt und niemals sauer, das verlängert deine Lebensdauer.

Wer in jeder Hand ein Bierchen trinkt, hat dem Wirt zuviel gewinkt.

Trinkst du schnell und rülpst du laut, war das Bier wohl gut gebraut!

Ist der Bauer voll mit Bierchen, geht es heim auf allen Vierchen.

Wenn am Tag die Sonne funkelt
oder abends wenn es dunkelt
oder nachts die Sterne blitzen,
hab ich meistens einen sitzen!

Trink wenn dir der Becher winkt,
nutze deine Tage.
Ob man auch im Himmel trinkt,
ist noch eine Frage.

Der Teufel steckt im Alkohol, also Prösterchen! Auf Gottes Wohl!

Lieber nen wackeligen Stammtisch als nen festen Arbeitsplatz!

Übersät von Frust und Hass, leg dich erst mal unters Fass.

Warum nen Sixpack wenn man en ganzes Fässle haben kann?

Die besten Vergrößerungsgläser für die Freuden dieser Welt sind die, aus denen man trinkt.

Ohne Sorge früh am Morgen schnell ein kleines Bier besorgen.

Birnenschnaps und Apfelwein kippen wir uns auch noch rein. Doch damit nicht genug, wir holen noch ein Krug. In diesem ist das Bier unser Lebenselexier!!

Zwischen Leber und Nierchen passt immer ein Bierchen.

Ob wir morgen noch leben, dass ist heut noch nicht gewiss,
dass wir aber wenn wir morgen leben, einen heben,
dass ist heute schon gewiss.

Hoch den Humpen, kurz gewunken, Nachbarn stumpen, Humpen pumpen.

Und ich weiß ganz genau, heute wird nicht nur der Himmel blau!

Melkt der Bauer seinen Stier, trank der Trottel zu viel Bier.

Es lehret uns die Wissenschaft was gut ist Durst zu stillen,
im Wein die Wahrheit, im Bier die Kraft,
im Wasser die Bazillen – Prost.

Der Krug geht solange zum Munde, bis man bricht.

Auch ein umgeschüttetes Bier ist Alkoholmissbrauch!

Bier unser, das du bist in Glase gesegnet werde dein Erfinder, mein Rausch komme, Dein Wille geschehe, wie im Himmel – so auch in der Kneipe. Unser Durst still uns heute, und vergib uns unsere Schulden, wie auch wir vergeben unseren Gläubigern. Und führe uns nicht in die Milchbar, sondern gib uns die Kraft weiter zu trinken, denn Dein ist der Durst, der Rausch und die Seligkeit. PROST!

Morgens ein Bier – und der Tag gehört Dir!

Wer das Bier nicht ehrt, ist des Deliriums nicht wert.

Lustiger Dialog

Was kochst du Mama-chen?
Dicke Bohnen, mein Sohn.

Was kochst du Mama-chen?
Dicke Böhnchen, mein Söhnchen.

Was kochst du Mama-chen?
Saperlutt noch e mol,
du kleene Panz,
deck Bungen!

Buchweizen als Kraftquelle und Leckerbissen

Buchweizen – eine vergessene Kulturpflanze? Fast. Nur noch wenige Landwirte pflanzen diese Getreideart an.

Heidekorn, Welschkorn, »Wellkuur« – so nannten die Eifeler Bauern das Getreide, das früher vielfach in weniger ertragreichen Gegenden angebaut wurde. Der Name Buchweizen leitet sich von seinen kastanienbraunen, dreikantigen Früchten ab. Zum Brotbacken ist Buchweizen ungeeignet. Heute wird der Buchweizen hauptsächlich in Naturkostläden als ganzes, geschältes Korn, in Form von Grütze, Flocken oder Mehl angeboten. Die Zubereitung zu Speisen ist aufwendig, da Buchweizen-Zubereitungen vor dem Backen/Garen gut ausquellen müssen. Willi Leik (82) aus Lichtenborn erinnert sich an die »Plackerei« vor über 50 Jahren: »Auf gutem Ackerland wurde Korn, Hafer und Gerste ausgesät, auf minderwertigem Land das wilde Korn.« Die Aussaat erfolgte mit der Hand, entweder mit einer »Säschottel« oder einem selbstgeknöpften Sätuch, das aus einer Bettlake bestand. Johann Hesels (77) aus Brandscheid: »Zwei Enden wurden zusammengebunden, um Arm und Kopf gelegt und dann mit der Saat gefüllt.« Der Vater von Johann war Rechtshänder, »also wurde das Tuch um seinen linken Arm gebunden, um die rechte für den Auswurf frei zu haben«.

Die Aussaat erfolgte im Mai, nach der Hafer- und Kornsaat, die Erntezeit war im September. Willi Leik: »Mit der Maschine wurde die Frucht abgemäht, etwa zehn Tage im Feld stehen gelassen, dann gedroschen.« Der Ertrag war bescheiden, denn von einem Zentner Buchweizen blieben nach dem Mahlgang nur etwa 30 Pfund »gutes Mehl«. Der Rest war Schweinefutter, das im Wasser aufgerührt werden musste.

Erwin und Elisabeth Hansen aus Bleialf erinnern sich gut: »Das Korn war rau, es musste mehrfach gesiebt werden.« Die Hansens fuhren ihren Feldertrag zur Heinzkyll-Mühle in Bleialf, zu Hause wurde es dann gelagert und für den eigenen Bedarf aufgebraucht. Willi Leik weiß, dass ihr Korn zur Heilhausener Mühle befördert wurde.

Was die Hausfrau mit dem Mehl so alles anrichtete, wissen nur noch die Alten: »Es wurde in kochendes Wasser langsam eingelassen, verrührt, gesalzen, zu Heddelichkneddeln geformt und heiß serviert. Mit Speck in der Pfanne angerichtet war das »Kneddelessen« eine beliebte Mahlzeit, zumal wenn es mit Apfelmus serviert wurde. Geschätzt war auch der Buchweizen-Pfannkuchen.

BUCHWEIZEN (»Heddelich«)

Buchweizen war sehr oft die erste Kulturpflanze auf frisch gerodeten und urbar gemachten Landstrichen. Wenn sich dieser Boden dann in fruchtbares Kulturland verwandelt hatte, musste er den anspruchsvolleren Getreidesorten weichen. Die Genügsamkeit des Buchweizens geht so weit, dass er auf Zugaben von Kunstdünger und Stallmist eher negativ reagiert, indem er zwar Blätter, aber keine Blüten und damit Früchte entwickelt. Auf Heide- und Sandböden fühlt er sich am wohlsten, vorausgesetzt, das Klima ist nicht zu kalt und zu nass.

Buchweizen zeichnet sich durch seine kurze Vegetationszeit aus. Er trägt in ca. 12 Wochen nach der Aussaat seine Früchte und kann dadurch manchmal auch zweimal gesät und geerntet werden. Die Buchweizenpflanze wird etwa 60 cm hoch. Die Blätter sind gestreckt herzförmig und umgreifen wie ein Kragen den Stängel. Die Blüten sind weiß bis rosa. Auffallend ist sein durch Knoten gegliederter Stängel, der der Pflanzenfamilie seinen Namen gab.

Witziges und Heiteres rund um Essen und Trinken

Die Eifel ist ein »Getränkeland«. Zu nennen sind: Das gute Bitburger Bier, Landbiere, Mineralwasser aus der Vulkaneifel und frische H-Milch von der Milch-Union-Hocheifel in Pronsfeld.

Prost!

Der folgende Spruch bezieht sich einzig auf den Gerstensaft.

Eins trink ich, weil ich durstig bin,
ein zweites, weil's mir schmeckt,
ein drittes, weil's nach meinem Sinn den Geist des Vierten weckt.
Ich greif zum Fünften, Sechsten, Siebenten dann,
weil ich's nun mal nicht lassen kann.
Ich trink das Achte, Neunte, Zehnte,
beim Elften seufz' ich Weh und Ach,
denn auch die Füße werden schwach.
Und tränk ich nun das Zwölfte nicht,
verlör' ich ganz das Gleichgewicht.«

Fragt der Ober: »Ihr Glas ist leer. Möchten Sie noch eins?«
Darauf der Gast: »Nein, was soll ich mit zwei leeren Gläsern?«

Gast: »Was können Sie mir denn empfehlen?«
Ober: »Vor allem gute Zähne, mein Herr.«

Der Gast will zahlen: »Was hatten wir denn?«
»Das weiß nur der Koch, bestellt hatte ich Forelle.«

Der Kellner: »Tut mir leid, mein Herr, aber dieser Tisch ist reserviert.«
Der Gast: »Gut, dann stellen Sie ihn weg, und bringen Sie mir einen anderen!«

Kellner: »Wie hätten Sie denn gerne Ihre Rechnung. Alle zusammen oder getrennt?«
Gast: »Flambiert bitte …«

*

So stirbt man standesgemäß:

1. Der Gärtner beißt ins Gras.
2. Der Maurer springt von der Schippe.
3. Der Koch gibt den Löffel ab.
4. Der Turner verreckt.
5. Den Elektriker trifft der Schlag.
6. Der Pfarrer segnet das Zeitliche.
7. Der Spachtelfabrikant kratzt ab.
8. Der Schaffner liegt in den letzten Zügen.

Heischeliedchen

Am »Fetten Donnerstag«

Jras, Jras, Jrumen,
De Huhner plecken Blumen,
de Hannen plecken Dreck,
jet mer e juut Steck Speck,
da john ech von der Dirr eweg.

An Burgsonntag (Sammeln der »Kuchenzutaten«)

Lire, lire, lotter,
en Kletsch Botter.
Mell ous dem Hegger,
Melich ous dem Ogger,
Speck ous dem Hoarscht,
Eier ous dem Nast,
de Huhner han et voll jeloarscht.

Eifelfrage: Was braucht man im Dorf?

Wat broch mer op em Bouerenduref?
E Pastur, dä schung singt,
en Glock, die schung klingt,
e Koster, dä juut loggen kaan,
e Pfläjer och, e braave Maan.
En Bouersfrau, die juut schmaalzt
un net de Zopp versaalzt,
en Mohd, die firr de Arbischt doocht
un net por Stonnen an de Spiejel laacht.
Vill Jras un Strieh un Hei,
net zu winnig Kieh un Sei,
jenuuch Holz un iweraal jenuuch Jrond
un Jungen un Mädcher juut jesond.

Ein Hoch auf die Kartoffel!!

Morjens Brei
un Jromperen dobei,
mettes Zopp
un Jromperen drob,
owens Mus
un Jromperen noch!

(Morgens Brei
und Kartoffel dabei,
mittags Suppe
und Kartoffeln darüber,
abends Mus
und Kartoffeln noch!

SPRUCH

Wir pflügen und wir streuen Samen auf das Land;
doch Wachstum und Gedeihen steht nicht in unserer Hand.

(Matthias Claudius)

Witzig!

Ist gelb das Bein des Huhns, gleich der Zitrone,
so ist's von diesem Jahr zweifelsohne.
Doch rechne davon zwei auf einen Kopf,
sie werden dir gar sehr gering in deinem Topf.
Das Huhn mit Beinen – gelb wie Apfelsine,
vor allem dir zum saft'gen Braten diene.
Bei hellem, grauen Beine lass dir raten,

ein halbes Stündchen länger es zu braten.
Scheint dunkel schon des Hühnerbeins grau,
so kocht's zum Braten erst die kluge Frau.
Blaugraue Beine, Schnabel beinah weiß,
rings um die Augen 'nen hellroten Kreis –
lass ab! Umsonst sind Speck und Fett und Butter,
derartige Hühner schenk' – deiner
Schwiegermutter!!!

(aus einem Kochbuch von 1902)

Zucker war in früheren Jahrhunderten äußerst selten vorhanden, ganz einfach, weil er viel zu teuer war. Die Rarität des Zuckers spiegelt sich in folgender Redensart wider:

»Und er täte es nicht, selbst wenn man ihm Zucker hinten rein blasen würde.«

Die große Wertschätzung des Zuckers drückte ein luxemburgischer Pfarrer in seiner Predigt so aus:

»Stellt euch vor, die Kirche hier wäre ein großer Breitopf und der Turm, der wäre ein Zuckerhut – und der würde jetzt in den Breitopf fallen. Das gäbe gewiss einen süßen Brei. Und das ist noch ein Scheißdreck gegen die Süßigkeit des Himmels!«

GUTEN APPETIT !

Omas leckere Eifelrezepte

Armer Eifeler

Dieses kleine »Zwischenessen« wurde früher oft serviert. Es war im Nu hergestellt und erforderte nur wenig Aufwand. Außerdem konnte es sich jeder leisten, wenn er nur eine Ziege und ein paar Hühner hatte. »Ziege« hieß im Volksmund auch die »Kuh des kleinen Mannes«.

Zutaten:

- 2 Eier
- ¼ l Milch
- 1 EL Salz
- 1 EL Zucker
- Brotstücke
- 1 TL Butter
- Paniermehl

Zubereitung:
Zuerst nimmt man Eier und Milch zusammen und mixt sie mit 1 EL Salz und Zucker. Danach tränkt man die Brotstücke darin und wälzt sie in Paniermehl. Wenn dies erledigt ist, nimmt man 1 TL Butter und erhitzt sie in einer Pfanne. Anschließend werden die Brotstücke darin angebraten. Vor dem Verzehr streute man Zucker darüber. Dazu trank man häufig Kakao.

Armer Ritter

Sehr gerne angerichtet, sehr gerne gegessen: »Arme Ritter«. Dieser symbolische Name war früher ein »Arme-Leute-Essen«, das schnell hergerichtet war und bei dem man alte Brötchenreste gut verwerten konnte. Es war sowohl eine vollwertige Mahlzeit am Mittag als auch eine Speise zwischendurch.

Zutaten:

- 3 Brötchen
- ½ l Milch
- 125 g Mehl
- 2 Eier
- ½ Teelöffel Salz
- 50 g Butter
- Zucker und Zimt

Zubereitung:
Die Brötchen werden in dicke Scheiben geschnitten. Diese taucht man kurz in heißes Wasser und legt sie zum Abtrocknen auf ein Tuch. Man bereitet einen Pfannkuchenteig aus Mehl, den Eiern, Milch und Salz. Dann zieht man die Schnitten durch den Teig und backt sie in heißer Butter goldgelb. Anschließend werden die Scheiben mit Zimt und Zucker bestreut.

Arschbäckelcheszopp

Der originelle Name dieser Suppe ist aus Schmidtheim/Nordeifel überliefert. Er bezieht sich natürlich auf das »Eisbein«, eigentlich etwas unterhalb des Allerwertesten gelegen.

Zutaten:

- 1 geräuchertes Eisbein oder 500 g geräucherte dicke Rippe
- 250 g Graupen mittel
- 200 g Möhren
- 1 dicke Stange Porree
- 5 große Kartoffeln
- 100 g geräucherten Speck
- 2 Zwiebeln
- Salz, Pfeffer und gekörnte Brühe (Brühwürfel)

Zubereitung:
Das Fleisch in ca. 2,5 Liter Salzwasser kochen. Wenn es gar ist, herausnehmen und würfeln. In der Brühe Graupen, gewürfelte Kartoffeln und Möhren und in Scheiben geschnittenen Porree dazugeben. Ca. 45 Minuten kochen. Speck und Zwiebeln würfeln und in der Pfanne auslassen, dann zur Suppe geben. Die Suppe mit Salz, Pfeffer und gekörnter Brühe abschmecken

Bauernbrot auf Sauerteigbasis (nach Frau Emma Dahmen, Habscheid)

Zutaten:

- 1 Beutel Natursauerteig
- 400 ml lauwarme Buttermilch
- 1 kg Roggenmehl Typ 1150
- Salz

Zubereitung

Vorteig: In den Sauerteig die Hälfte der Buttermilch und etwa 100g Mehl einrühren und zugedeckt mindestens 4 Stunden stehen lassen. Der Teig sollte ordentlich sauer riechen. Dann 400g Mehl und den Rest der Buttermilch unterkneten und zugedeckt über Nacht stehen lassen.

Am nächsten Tag den Rest des Mehls, Salz und Kümmel dazugeben und alles zu einem festen Teig verkneten. Das geht am besten mit den Händen. Den Teig in die gefettete Kastenform geben und mindestens eine Stunde gehen lassen.

Backofen auf 250°C vorheizen, Brot 10 Minuten backen, Hitze auf 225°C runter schalten und etwa eine weitere Stunde backen.

Tipps:

Sauerteig liebt es warm beim Gehen. Je wärmer der Raum, desto kürzer die Gehzeit.

Wenn man von dem Vorteig 50g wegnimmt, kann man diesen 1–2 Wochen im Kühlschrank als neuen Sauerteigansatz aufheben. Nicht mit Salz sparen. Das Brot erst einen halben bis einen Tag nach dem Backen anschneiden. Es lebt in ein großes Geschirrtuch eingepackt eine gute Woche.

Ganz allgemein mag es Brot feucht im Backofen. Wer mit Holz backt, gibt am besten eine Tasse Wasser nach 10 Minuten in den Ofen und noch einmal eine nach der Hälfte der Backzeit.

Birnenmus

»Wilt du machen ein birnmuos, so nim birn vnd besnit die schone vnd suede sie in einem hafen mit eyme wine vnd mit smaltze. vnd durchgeslagen durch ein tuoch vnd derwelle sie denne mit eyerstotern. daz ist gar gantz guot.«

(aus einer mittelalterlichen Kochbuch-Quelle)

Zutaten:

- 500g Birnen
- 150 ml trockener Weißwein
- 20g Butter
- 50g Zucker
- 4 EL Sahne
- 3 Eigelb
- Zimt
- 1 Prise Salz.

Zubereitung:
Die Birnen schälen (oder aus der Dose nehmen) und klein schneiden, zusammen mit der Butter und dem Wein gar kochen. Mit dem Pürierstab pürieren oder durch ein Sieb schlagen, Sahne zufügen und mit Zucker und Zimt abschmecken (bei Birnen aus der Dose weniger Zucker verwenden). Die Eigelbe hinzugeben und gut verrühren. Erneut erhitzen, bis das Mus andickt. In eine Schüssel geben und erkalten lassen.

Bitburger Biersuppe

Zutaten:

- 1 Liter Bier
- 1–2 Tassen Rosinen
- Zucker, Zimt
- 1 Tasse süße Sahne
- 2 Eigelb
- geröstete Brotwürfel

Zubereitung:
Das Bier wird mit den Rosinen, dem Zucker und dem Zimt kurz aufgekocht. (Schaum abschöpfen) Man rührt die Eigelbe in die Sahne und fügt es der Suppe zu. Unter rühren einmal aufwallen lassen. Die gerösteten Brotwürfel in einen Teller geben und mit der Suppe begießen.

Brotpfannkooch

Zutaten:

- 6 Eigelb
- 6 Eiweiß
- 40 g Butter
- 500 g Trockenes Weißbrot
- 1 Zitronenschale
- Mehl
- Zimt
- Schmalz

Zubereitung:
Eiweiß kühl stellen, die Butter in einem Topf bei schwacher Hitze auslassen und das Eigelb einrühren. Den Topf vom Herd nehmen. Weißbrot zerreiben und in die Butter-Eigelb-Masse rühren. Von der Zitrone die Schale abraspeln, mit Mehl und Zimt in den Topf einrühren. Das gekühlte Eiweiß zu Schnee schlagen und vorsichtig unter die Teigmasse heben. In einer Pfanne das Schmalz erhitzen. Mit einem Esslöffel Teig in die Pfanne geben und kleine Pfannkuchen bilden. Die Pfannkuchen auf beiden Seiten goldbraun backen und heiß mit Apfel- oder Rübenkraut servieren.

Buchweizenknödel (Heedeknepp)

Zutaten:

- ½ l Wasser
- 200 g Buchweizenmehl
- 3 Eier
- etwas Milch
- etwas Salz

Zubereitung:
Das Wasser aufkochen und 1 TL Salz hinzufügen. Dann das Buchweizenmehl auf einmal hinein geben und schnell umrühren, damit sich keine Klümpchen bilden. Solange rühren, bis sich die Masse vom Topfboden löst. Erkalten lassen. Die kalte Masse dann in kleine Knödel schneiden und in Fett braten. Zum Schluss die Eier mit etwas Milch und Salz zusammen aufschlagen, über die Knödel gießen und stocken lassen. Traditionelles Essen zu Karfreitag direkt aus der Pfanne, die mitten auf dem Tisch steht. Dazu gibt es Fruchtkompott.

Buchweizenpfannkuchen für 6 Personen

Zutaten:

- 250 g Buchweizenmehl
- Salz, Pfeffer
- 6 Eier
- 2 EL Sonnenblumenöl
- 300–400 ml lauwarme Milch

Zubereitung:
In einer Schüssel Mehl, Salz und Pfeffer vermischen. In der Mitte eine Vertiefung machen und die Eier dort hinein aufschlagen. Eier und Mehl mit einem Schneebesen verrühren. Jetzt kommt das Öl dazu. Nach und nach die Milch dazugeben und ebenfalls unterrühren. Der Teig sollte keine Klumpen aufweisen und die Konsistenz süßer Sahne haben. In einer flachen, teflonbeschichteten Pfanne oder einer gusseisernen Pfanne etwas Öl erhitzen, dann mit dem Schöpflöffel eine Portion Teig in die Pfanne geben und sofort mit einem Spachtel verteilen. Wenn die Unterseite braun ist, vorsichtig wenden. Man faltet die Galette in der Mitte und legt sie noch ein weiteres Mal zusammen. Auf einem vorgewärmten Teller sofort servieren. Dazu passt Apfelkompott und Pflaumenmus.

Bungenschlupp mat Kiechelcher – (Bohnensuppe in Milch mit Hefeküchlein)

Ein recht häufiges Suppengericht in der Eifel war der »Bungeschlupp«. Manche Menschen schätzten sie sehr, andere verweigerten sie. (Zur letzteren Gruppe gehöre auch ich.)

Zutaten:

- 1 kg Kartoffeln
- 125 g Butter
- 200 g saure Sahne
- 600 ml Milch
- 500 g grüne Bohnen
- etwas Salz und Pfeffer
- 10 g frische Hefe
- 250 g Mehl
- 1 Ei
- 2 EL Zucker
- 20 g Rosinen
- etwas Öl zum Ausbacken

Zubereitung:
Die Kartoffeln schälen, in Salzwasser kochen, abgießen, Butter und saure Sahne hinzufügen, alles zu einem Brei zerstampfen und mit 500 ml Milch aufrühren. Die Bohnen kurz in Salzwasser garen, abgießen und in den aufgerührten Kartoffelbrei geben, so dass eine breiige Suppe entsteht. Mit Salz und Pfeffer abschmecken. Die Hefe ins Mehl bröseln und mit restlicher lauwarmer Milch flüssig schlagen. Eigelb, Salz und Zucker hinzufügen, das geschlagene Eiweiß unterziehen und Rosinen unterheben. Das Ganze ein paar Minuten gehen lassen, zu Küchlein formen und in einer Pfanne mit heißem Öl ausbacken.

Deftiges Bauernfrühstück aus der Eifel

In der Eifel gab es früher durchaus auch warme Speisen zum Frühstück, beispielsweise Bratkartoffeln mit Ei.

Zutaten:

- 1 kg Kartoffeln
- 125 g durchwachsener Speck
- 2 geschälte Zwiebeln
- 3 frische Eier
- 3 EL Milch
- Salz
- frisch gemahlener Pfeffer
- 1 Bund Schnittlauch
- 1 Tomate
- Petersilie

Zubereitung:
Die gekochten Kartoffeln pellen, erkalten lassen und würfeln. Durchwachsenen Speck und Zwiebeln würfeln und in einer Pfanne glasig dünsten. Kartoffelwürfel dazu geben und alles gut durchbraten. Die Eier mit der Milch verquirlen, mit Salz und frisch gemahlenem Pfeffer würzen, über die Kartoffeln geben und bei geringer Hitze stocken lassen. Ab und zu mit einem Pfannenmesser am Rande etwas lockern, damit die Eiermilch gleichmäßig stockt. Mit Schnittlauchröllchen bestreuen und mit Tomatenscheiben garnieren. Petersilie drüber geben.

Eefeler Döppekooche – das Eifelgericht schlechthin

Zutaten:

- 2 ½ kg Kartoffeln, vorwiegend festkochend
- 1 Prise Knödelweiß
- 4 Zwiebeln, feine Würfel
- 150 g Speck, in Würfeln
- Öl, zum Anbraten
- 4 Würste, (Mettwürste), in Scheiben
- 3 Eier
- Salz und Pfeffer
- Muskat
- evtl. Kartoffelpüreepulver
- evtl. Haferflocken
- 1 Glas Apfelmus, 700g

Zubereitung:
Kartoffeln waschen, schälen und mit der elektrischen Küchenmaschine in nicht zu feine Streifen raspeln. Dies funktioniert selbstverständlich auch mit einer herkömmlichen Reibe, ist jedoch sehr aufwändig. Anschließend die überschüssige Flüssigkeit aus den Raspeln herausdrücken und eine Prise Knödelweiß zufügen, so wird die Masse nicht braun. Die Speck- und Zwiebelwürfel in einem passenden Topf oder Bräter mit etwas Öl anbraten und Farbe nehmen lassen. Kartoffelmasse noch einmal etwas ausdrücken, das aufgefangene Wasser wegschütten, aber die abgesetzte Kartoffelstärke in der Schüssel zurück lassen. Jetzt die Eier, Speck, Zwiebeln und Würstchenscheiben dazu geben und alles miteinander verrühren. Mit Salz, Pfeffer und Muskat ordentlich würzen. Ist die Masse noch zu feucht, kann man diese mit Kartoffelpüreepulver oder Haferflocken etwas abbinden. Nun die Masse in den Topf oder den

Bräter füllen, indem bereits die Zwiebeln und der Speck ausgelassen wurden und im Backofen für knapp zwei Stunden bei 180°C ohne Deckel garen. Bekommt der Kartoffelkuchen zu früh Farbe oder wird zu dunkel, dann mit Deckel zu Ende garen. Sollte kein passender Topf für dieses Gericht vorhanden sein, könnte man alternativ auch eine Kastenform verwenden.

Anrichten:
Den Kartoffelkuchen portionsweise auf die Teller geben und heiß mit Apfelmus servieren.

Eifel-Fladen aus dem Steinbackofen

(Rezept vom Hinkelshof in Seimerich/Südeifel)

Zutaten:

- Mehl
- Eier
- Butter
- Öl für den Pizzateig
- Belag nach Wahl (siehe unten)

Zubereitung:

Auf einem Fladen – ähnlich einem Pizzateig aus Mehl, Bier und Olivenöl – kommen nach Wunsch herzhafte Zutaten wie Rindfleischstreifen, Gemüse und Zwiebel (Goldener Grund Fladen), Spiegeleier, Rauchfleisch, Gemüse und Tomaten (Fladen Kikeriki) oder etwa Blattspinat, Ziegenkäse und Tomaten (Hommerdinger Fladen).

Zum Verzehr kommt ein Bier dazu.

Eingelegte Heringe

Zutaten:

- 4–6 Matjesfilets (aus der Kühlung)
- 3 Zwiebeln
- 4 Lorbeerblätter
- ¼ l Essig (oder 2–3 Esslöffel Essigessenz)
- 8 Nelken
- 8 Wacholderbeeren
- Wasser

Zubereitung:

Matjes ½ Stunde wässern und abwaschen. Zwiebeln in dünne Scheiben schneiden, abwechselnd Fisch und Zwiebel in ein Gefäß schichten, dann mit dem Essigwasser bedecken. Nelken, Wacholderbeeren und Lorbeerblätter dazugeben. 2 bis 3 Tage im Kühlschrank ziehen lassen.

Servieren mit Apfelringen, Petersilie und Brot. Hierzu passt gut ein trockener Weißwein.

Eifeler Bachforelle mit Gemüse

Zutaten:

- 4 Forellen von je ca. 300 g
- 100 g Backpflaumen mit Stein
- Diverse Gemüse
- 150 g Schalotten
- 150 g Möhren
- 100 g Staudensellerie
- 2 EL Rotweinessig
- Safran
- 250 g saure Sahne
- 50 g Butter
- Salz

Zubereitung:
Schalotten pellen und je nach Größe halbieren. Möhren dünn schälen und in Stifte schneiden. Staudensellerie schräg in Streifen schneiden. Alles zusammen kurz blanchieren und kalt abschrecken. Küchenfertige Forellen je viermal an der Oberseite einschneiden und von innen salzen. Nebeneinander in eine breite, flache, feuerfeste und gebutterte Form legen. Mit Essig beträufeln. Alle vorbereiteten Gemüse, Pflaumen und Zimtstange drum herum legen. Sahne mit Safran verrühren und die Fische damit begießen. Mit Butterflöckchen besetzen und mit Alufolie abdecken. Im vorgeheizten Backofen ca. 30 Minuten bei 200°C backen.

Eifeler Gemüseeintopf

Zutaten:

- 300 g Kartoffeln
- 200 g grüne Bohnen
- 100 g Zuckererbsen
- 200 g Möhren
- 1 Bund Frühlingszwiebeln
- 1 Bund Petersilie
- 2 Fleischtomaten
- 3 EL Olivenöl
- ⅛ l Brühe
- Pfeffer

Zubereitung:
Das Gemüse waschen und putzen, Kartoffeln und Möhren schälen und vierteln. Möhren und Frühlingszwiebeln in Scheiben schneiden, Petersilie waschen und hacken. Tomaten mit heißem Wasser überbrühen, häuten und vierteln. Öl erhitzen, Kartoffelviertel darin anbraten, Bohnen und Möhrenscheiben zugeben und ca. 5 Minuten dünsten. Restliches Gemüse und Brühe zugeben und weitere 15 Minuten bei schwacher Hitze garen. Mit Petersilie und Pfeffer abschmecken. Evt. nachwürzen mit Salz und/oder Kräutern.

Eifeler Kartoffelsuppe

Zutaten:

- Kartoffeln
- 1½ kg Rauchfleisch
- 1 Kopf Wirsing
- 1–2 Stangen Lauch
- 4–5 Möhren
- ein paar Sellerieblätter
- ein Stückchen Sellerieknolle

Zubereitung:
Einen kleinen Topf voll Kartoffeln schälen. Das Gemüse und die Kartoffeln gründlich waschen. Das Fleisch stellt man etwas früher mit dem Topf Wasser auf, und lässt es eine Weile kochen. Dann gibt man das Gemüse hinzu und lässt alles zusammen weiter kochen. Zuletzt gibt man die Kartoffeln dazu, und lässt sie noch eine halbe Stunde weiter kochen, bis alles weich ist. Dann nimmt man das Fleisch raus auf einen Teller. Das wird dann ganz klein geschnitten. Das Gemüse gibt man auf ein Sieb und dreht es durch die »flotte Lotte«. Dann schüttet man alles zusammen mit der Brühe zurück in den Topf, und gibt auch das klein geschnittene Fleisch dazu. Zur Geschmacksverfeinerung gibt man Bouillonwürfel dazu. Zum Schluss noch etwas Speck in der Pfanne auslassen und eine kleine Zwiebel fein schneiden und darin anbräunen. Dann in die Suppe geben. Noch etwas Maggi und eine Prise Muskat in die Suppe geben.

Tipp:
Dazu schmecken Pfannenkuchen, Reibekuchen oder Waffeln.

Eifeler Omelett

Zutaten:

- 4 Eier
- 1–2 EL Butter
- frisch gemahlener, weißer oder schwarzer Pfeffer
- Salz aus der Mühle
- durchwachsener, geräucherter Speck
- evt. Champignons

Zubereitung:
Die Eier in eine Schüssel aufschlagen, mit Salz, Pfeffer würzen und die Eiermasse mit einer Gabel vorsichtig verschlagen. Speck in die Pfanne geben und kurz anbraten. Die Butter in der Pfanne aufschäumen lassen und die Eiermasse hinein gleiten lassen. Sollte der Gargrad des Omeletts erreicht sein, die Pfanne ca. 20 Sekunden ohne weiteres Rühren auf dem Feuer stehen lassen. Entweder das Omelett auf einen Teller gleiten lassen, das Omelett durch Schräghalten der Pfanne aufrollen und auf einen Teller gleiten lassen oder das Omelett zusammen klappen und auf einen Teller gleiten lassen.

Serviert wird das Omelett mit Tomaten- oder Gurkensalat und einer Scheibe Weißbrot. Getrunken wird ein Bitburger Pils.

Eifeler Schinkenkartoffeln

Zutaten:

- 1 kg Pellkartoffeln
- 125 g rohen Schinken
- 1 EL Fett
- 2 Zwiebeln
- 2 EL Mehl
- ½ l Fleischbrühe
- 1 EL Senf
- Salz und Pfeffer
- 1 Prise Zucker
- etwas geriebenen Käse

Zubereitung:
Gekochte Kartoffeln abziehen und in Scheiben schneiden. In heißem Fett die gewürfelten Zwiebel anrösten, das Mehl hineinrühren und die Fleischbrühe unterrühren. Den gewürfelten Schinken zu der Soße geben, kurz mitkochen lassen, die Kartoffeln zugeben und das Ganze mit den übrigen Zutaten abschmecken.

Eifeler Schweinshaxe mit Bier

Zutaten:

- 1 Schweinshaxe
- Salz
- Pfeffer
- Kümmel
- zerstoßene Wacholderbeeren
- helles Bier
- ¼ Fleischbrühe
- ⅛ l saure Sahne
- 2 Tl Mehl
- Paprika

Zubereitung:
Die Schweinshaxe waschen, abtrocknen und die Schwarte in Quadrate schneiden. Mit Salz, Pfeffer und den Wacholderbeeren einreiben und 3 Std. ziehen lassen. Anschließen das Fleisch in die Pfanne legen und mit 1/4 l Wasser begießen. Bei ca. 200°C etwa 1 1/2 Std. im Backofen braten. Zwischendurch mit Bier begießen. Den Bratensaft mit Fleischbrühe aufgießen, mit Mehl und saurer Sahne binden und zum Schluss mit Salz, Pfeffer und Paprika abschmecken.

Entweder mit Brot oder mit Kartoffelpürree essen.

Dazu trinkt man natürlich ein kühles Bit oder Aachener Bier.

Eifeler Schorles

Zutaten:

- 2 Kilogramm Kartoffeln
- 3 Brötchen
- 70 g durchwachsener Speck
- 1 Zwiebel
- 4 Eier
- Salz
- Pfeffer

Zubereitung:
Kartoffeln schälen und nicht zu fein reiben. Den Speck und die Zwiebel fein würfeln. Zuerst den Speck in einer Pfanne ausbraten, die Zwiebel etwas später zugeben und leicht bräunen lassen. Die Brötchen in Wasser einweichen und gut ausdrücken, dann mit den Eiern und der Kartoffelmasse vermengen. Mit Salz und Pfeffer würzen. Alles zusammen in eine gut gebutterte Form geben und ca. 90 Minuten bei guter Mittelhitze im Backofen goldgelb backen.

Eifeler Spießbraten

Zutaten:

- 1200 g Schweinerücken mit Bauchlappen, ohne Knochen
- 200 g Kalbsbrät
- 1 TL Butterschmalz
- ½ Zwiebel
- 1 Lauchzwiebel
- 1 Knoblauchzehe
- Jodsalz
- Pfeffer aus der Mühle
- 200 g Wurzelgemüse: Lauch, Karotten, Sellerie
- Lorbeerblatt
- Wacholderbeeren
- 1 TL Butterschmalz
- ½ l Gemüsebrühe

Zubereitung:

Den Schweinerücken in der Mitte aufschneiden und mit dem aufgerollten Bauchlappen auf ein Brett legen. Die gehackten Zwiebeln und Lauchzwiebeln in Butterschmalz leicht andünsten, den kleingehackten Knoblauch dazugeben und mit Salz und Pfeffer würzen. Diese Masse unter das Kalbsbrät mischen und auf den ausgerollten Schweinerücken aufstreichen. Den Schweinerücken mit dem Bauchlappen zusammenrollen und evtl. mit einem Faden festhalten. In einer Bratform das grob zerkleinerte Wurzelgemüse in Butterschmalz andünsten. Den Schweinerücken darauf legen, mit Gemüsebrühe angießen und das Lorbeerblatt sowie die Wacholderbeeren dazugeben. Im Rohr bei einer Temperatur von 200°C ca. 40 Minuten braten. Den Schweinerücken in Scheiben schneiden und auf einem Holzbrett anrichten. Dazu noch warmen Kartoffelsalat, der mit einem gehackten Ei noch verfeinert wird, reichen.

Eifeler Schweine-Schmorbraten

Zutaten:

- 500 g frischer Schweinenacken
- Salz
- Pfeffer
- Öl
- 4 Zwiebeln
- 1 Lorbeerblatt
- 5 EL Essig
- ½ l Malzbier
- 5 EL Honig
- Mehl

Zubereitung:
Das Fleisch (roh) mit Salz und Pfeffer einreiben. Einen Bräter mit Öl ausschwenken und mit Zwiebelringen und dem Lorbeerblatt belegen. Das Fleisch darauf legen. Den Essig und das Malzbier mischen und den Honig darin auflösen. Soviel von der Flüssigkeit in den Topf gießen, dass das Fleisch halb bedeckt ist. Den Topf gut verschließen. Den Bräter in den Backofen schieben und den Braten 90 Minuten bei 200°C schmoren lassen. Das gare Fleisch herausnehmen, die Bratflüssigkeit durchsieben und mit Mehl binden.

Früher wurden die Waffeln über dem offenen Feuer im Eisenherd gebacken. Dazu benutzte man ein besonderes Eisen, das in die Herdplatte eingelassen werden konnte. Man musste es während des Backvorgangs einmal umdrehen. Das erlaubte ein Drehmechanismus in dem Herdring.

Eifeler Wildschweinbraten

Zutaten:

- 2 kg Schweinebraten (am besten vom Frischling)
- 100 g Speck
- etwas Margarine
- 1 Zwiebel
- 1 Möhre
- 1 Stange Porree
- 1 Tomate
- Salz und Pfeffer
- ¼ Liter Wein, rot
- 200 g Brot, geriebenes Schwarzbrot
- 2 Eigelb
- 1 Prise Zimt

Zubereitung:

Der Frischlingsrücken wird mit Speckwürfeln und Margarine angebraten, mit den feingewürfelten Gemüsesorten angeschmort, gewürzt und mit dem Rotwein abgelöscht.

Der Rücken schmort fast gar, dann bestreicht man ihn mit der Paste aus Schwarzbrot, Eigelb, Rotwein und Zimt man schiebt ihn so lange in den vorgeheizten Backofen, bis er schön knusprig gebraten ist.

Man serviert ihn mit Bratkartoffeln oder Klößen, mit Preiselbeeren und Apfelmus.

Eifelspekulatius

Zutaten:

- 500 g Mehl
- ½ Pck. Backpulver
- 250 g Zucker
- 2 Eier
- 200 g Butter
- 100 g Mandeln
- 50 g Zucker, (brauner, gestoßener Kandis)
- 2 Msp. Nelke
- 2 Msp. Kardamom
- 2 Msp. Koriander
- 1 Pck. Vanillezucker
- 1 Prise Salz

Zubereitung:
Aus den Zutaten einen Teig herstellen. Mindestens eine Stunde im Kühlschrank ruhen lassen. Der Teig hält sich aber gekühlt auch durchaus mehrere Tage. Den Teig ausrollen. Als Hilfe kann man Zellophanfolie benutzen, die man zwischen Teig und Nudelholz legt. So verhindert man das lästige Ankleben. Mit Förmchen möglichst dünne Plätzchen ausstechen und auf ein mit Backpapier belegtes Backblech legen. Im Backofen bei 180°C 7–10 Minuten backen.

Eisbein und Kappes

Zutaten:

- 1 gepökeltes Eisbein
- 3 Zwiebeln
- 2 Lorbeerblätter
- 10 Wacholderbeeren
- 5 schwarze Pfefferkörner
- 2 Gewürznelken
- 1 kg Sauerkraut
- 1 saurer Apfel
- Salz
- weißer Pfeffer
- etwas herber Weißwein
- 100 g Schweineschmalz

Zubereitung:
Das Eisbein wird gewaschen, abgetrocknet und mit den angegebenen Gewürzen in einen Topf gegeben; so viel kochendes Wasser darauf geben, dass das Fleisch bedeckt ist. Auf kleiner Flamme garen, bis es fast vom Knochen und dem Fettpolster fällt. Gleichzeitig in einem zweiten Topf das Schmalz heiß werden lassen, Sauerkraut dazugeben und leicht anschmoren, dann Äpfel und Gewürze beifügen, mit Wein ablöschen, ebenfalls auf kleiner Flamme gar werden lassen. Ist alle Flüssigkeit verdunstet, kann etwas von der Eisbeinbrühe dazugegeben werden. Das Sauerkraut soll zum Schluss jedoch möglichst trocken sein. Das Eisbein mit Sauerkraut und Kartoffelbrei servieren. Dazu ein Bit servieren.

Ferkelsboch-Rouladen

Zutaten:

- 4 Scheiben Schweinebauch
- 4 Scheiben Schinkenspeck
- 1 gr. Dose Sauerkraut
- 4 Zwiebeln
- etwas Mehl
- 1 Becher saure Sahne
- Salz und Pfeffer

Zubereitung:
Den Schweinebauch in der Breite bis zur Schwarte teilen und wie ein Buch aufklappen. Gut klopfen, mit Senf bestreichen und mit dem Schinkenspeck belegen, drauf Zwiebelringe und das gezupfte Sauerkraut geben. Das Ganze aufrollen und wie Roulade binden. Von allen Seiten anbraten und zugedeckt 2 Stunden schmoren. Die Soße mit in saurer Sahne angerührtem Mehl binden. Kartoffelklöße und Bier schmecken hierzu am besten.

Frikadellen nach Annchen's Rezept

Zutaten:

- 500 g Gehacktes (Rind/Schwein)
- 1 Ei
- 2–3 weiße Zwiebeln fein gehackt
- 1 trockenes Brötchen
- 1–2 EL Senf
- 1–2 EL Tomatenmark
- Salz, Pfeffer
- Butter oder Margarine zum Anbraten

Zubereitung:
Das Brötchen wird in Wasser mit einem Schuss Milch gründlich eingeweicht und anschließend wieder ausgedrückt. Dann wird die Masse mit dem Hackfleisch, Ei, Senf und Tomatenmark gut vermischt, mit Salz und Pfeffer abgeschmeckt und zu Frikadellen geformt. Mit Zwiebeln braten und sofort danach mit halben Eiern, Tomaten und Mozarella auf einer kalten Platte oder einfach zu Nudelsalat mit viel Gurke servieren.

Sauerkraut »Sur Mos« oder »Sure Kappes «

Selbstgemachtes Sauerkraut schmeckt einfach am besten! Noch besser schmeckt es, wenn man Mettwürste, Kassler oder geräucherten durchwachsenen Speck mitkocht.

Zutaten:

- 1 kg Sauerkraut
- 50 g Schmalz
- 1 Zwiebel
- etwas Wasser
- weiße Böhnchen

Zubereitung:
Am Vortag die weißen Bohnen über Nacht im Wasser einweichen lassen. Sauerkraut gut wässern. Schmalz im Topf zerlassen, Zwiebel darin glasig dünsten, Sauerkraut hinzugeben und mit Wasser auffüllen. Das Ganze bei schwacher Hitze gardünsten. Vorsicht: Brennt gerne an. In der Zwischenzeit die über Nacht eingeweichten Böhnchen garkochen und unter das fertige Sauerkraut mischen. Noch besser schmeckt das Sauerkraut wenn man Mettwürste, Kassler oder geräucherten durchwachsenen Speck mitkocht. Dazu serviert man dann Kartoffelpürree. Am zweiten Tag wurden meistens alle Zutaten gemischt und als Eintopf serviert.

Gebratene Eifelforelle

Zutaten:

- 4 Forellen
- 4 EL Mehl
- 100 g Butter
- eine halbe Zitrone (Saft)
- Salz

Zubereitung:
Die Forellen werden gewaschen, getrocknet (mit Tuch), mit Zitronensaft beträufelt und dann ruhen gelassen. Nach ca. 30 Min. werden die Innenseiten mit Salz bestreut und außen in Mehl gewälzt. Butter wird in einer Pfanne geschmolzen, darin dann die Forellen bei mittlerer Hitze etwa 15 Min. mittelbraun gebraten.

Dazu gibt es Salz- oder Bratkartoffeln und frischen Kopfsalat oder grünes Gemüse mit Petersilie.

Gemüse-Potpourri

Melodiös klingt dieses Gericht, zudem ist es für die Augen eine »Weide« und für den Gaumen ein Genuss. Manchmal geht es auch ganz ohne Fleisch.

Zutaten:

- 2 Kohlrabi
- 5 Tomaten
- 250 g grüne Bohnen
- 3 Zwiebeln
- 250 g Möhren
- 2 Stangen Porree
- 300 g Kartoffeln
- 4 EL Öl
- Thymian, Paprika, Bohnenkraut, Salz, Petersilie als Gewürze
- gekochte Gemüsebrühe

Zubereitung:
Gemüse klein schneiden und in Öl dünsten. Dann mit Wasser oder Fleischbrühe auffüllen, bis das Gemüse ganz bedeckt ist. Gewürze zugeben, gut verrühren und alles zusammen garen. Mit gekochter Brühe und Petersilie verfeinern.

Geschmortes Sauerkraut

Zutaten:

- 1 kg Sauerkraut
- 1 große Zwiebel
- 2 Zehen Knoblauch
- 1 Becher süße Sahne
- ¼ Liter Wein, weiß (Riesling)
- 1 EL Paprikapulver, edelsüß
- 2 Chilischoten

Zubereitung:
Zwiebel und Knoblauch in winzige Würfel hacken, vom Chili die Kerne entfernen und ebenfalls klein schneiden – sehr wichtig. Das Sauerkraut ausdrücken. Zwiebel und Knoblauch in Butter andünsten, Paprikapulver dazugeben und gut verrühren. Dann Chili einrühren, Sauerkraut leicht locker zerpflücken und dazugeben – mit Sahne und Weißwein ablöschen. Bei mittlerer Hitze 40 Minuten bei geschlossenem Deckel schmoren lassen. Danach mit Pfeffer aus der Mühle, etwas Salz und Butter würzen – eventuell noch etwas Flüssigkeit (Sahne oder Wein) dazu.

Dazu schmecken Kasseler oder Schweinerippchen.

Grüne-Bohnen-Eintopf

Zutaten:

- 500 g grüne Bohnen
- 500 g Kartoffeln
- 400 g Rindfleisch
- 1 Zwiebel
- 3 EL Butterschmalz
- Salz
- Pfeffer
- Bohnenkraut

Zubereitung:
Das Fleisch und die Zwiebel in kleine Würfel schneiden und in Butterschmalz anbraten. Dabei etwas salzen und pfeffern. Dann füllt man so viel Wasser auf, bis das Fleisch bedeckt ist; abschließend köcheln lassen. Nach ungefähr einer halben Stunde die Bohnen und die in Würfel geschnittenen Kartoffeln dazugeben und alles gar werden lassen. Etwas Bohnenkraut dazugeben. Dann portionsweise auf Suppentellern verteilen.

Hackfleisch-Kartoffelschiffe

Zutaten:

- 500 g Hackfleisch
- 1 Prise Salz
- 1 TL Senf
- ½ TL Paprikapulver
- 1 Msp. Cayennepfeffer
- 1 Msp. Kreuzkümmel, gemahlen
- 2 EL Petersilie
- 2 Eier
- 2 EL Paniermehl
- 14 Kartoffeln
- Öl

Zubereitung:
Das Hackfleisch mit den Zutaten mischen und evtl. nochmals abschmecken. Mit einem Kugelausstecher die Kartoffeln aushöhlen und mit dem Gehackten füllen, die Füllung gut in die Kartoffeln drücken, die Füllmasse mit den Kartoffeln abschließen. Nun die Kartoffeln in Öl rundherum anbraten. Die Herdplatte auf kleine Flamme schalten und den Deckel des Brattopfes oder der Pfanne auflegen und die Kartoffeln bei schwacher Hitze 45 Minuten gar schmoren lassen.

Dazu passt ein Eisbergsalat bestens.

Heringsbegräbnis

Interessanter Name! Die Heringe werden praktisch »versteckt«, ähnlich dem Fleisch bei den schwäbischen Maultaschen. Es war in der Eifel ein typisches Essen in der Fastenzeit.

Zutaten:

- 4 Matjesheringe
- 100 g geräucherter durchwachsener Speck
- ½ kg mittelgroße Kartoffeln
- 2 Eier
- 5 El Milch oder Rahm
- etwas Pfeffer

Zubereitung:
Kartoffeln schälen und kochen, Heringe klein schneiden, kalte gekochte Kartoffeln in Scheiben schneiden. Schichtweise Heringsstücke, Kartoffeln und Speck in eine feuerfeste Glasform geben. Ei mit Milch verrühren, über das Gericht gießen. Im Backofen bei 200°C 45 Minuten backen.

Löwenzahn/Endivien untereinander
Mit herzhafter Speckzwiebelsoße und Kartoffeln

Wer den Bittergeschmack des Löwenzahns nicht mag, überbrüht ihn kurz mit heißem Wasser.

Zutaten:

- Junger Löwenzahn
- 1 Kopf Endivien
- Speck
- 2 Zwiebeln
- 2 EL Mehl
- ¼ l Milch oder ¼ l Wasser
- Essig
- Muskat

Zubereitung:
Jungen Löwenzahn säubern und gut waschen. Kartoffeln kochen. Fetten Speck in Würfel schneiden (mindestens 1 Handvoll) und in der Pfanne auslassen. Zwei kleine oder eine größere Zwiebel im Fett glasig dünsten, bis sie etwas braun werden. Zwei Esslöffel Mehl unterrühren und mit ca. 1/4l Milch oder Wasser (oder halb/halb) auffüllen. Mit Pfeffer und Salz (evtl. auch Muskat oder Essig) abschmecken. Die Speckzwiebelsoße über den frischen Löwenzahn geben.

Kartoffeln stampfen und alles mischen.

Himmel und Erd

Zutaten für 2 Portionen:

- 350 Gramm Kartoffeln mehligkochend
- 150 ml Milch
- 8 Esslöffel Butter
- Salz
- Muskatnuss
- 2 Äpfel Boskop
- 2 Teelöffel Zucker
- 2 Zwiebeln
- 2 Esslöffel Rotwein
- 2 Esslöffel Rotweinessig
- Pfeffer
- 250 Gramm Blutwurst

Zubereitung:
Die Kartoffeln waschen, schälen und in Salzwasser weich kochen. Noch heiß durch die Kartoffelpresse drücken. Milch aufkochen und zusammen mit 2 El Butter zu den Kartoffeln geben und zu einem Pürree vermischen. Mit Salz und Muskat abschmecken. Die Äpfel schälen, das Kerngehäuse ausstechen und in Ringe schneiden. In einer Pfanne mit 2 El Butter langsam braten, mit Zucker bestreuen und diesen karamellisieren. Die Zwiebeln schälen und in dünne Scheiben schneiden. In einer Pfanne mit 2 El Butter anschwitzen, mit Rotwein und Essig ablöschen und weich kochen. Mit Salz und Pfeffer abschmecken. Die Blutwurst ca. 5 Minuten von jeder Seite in der Pfanne anbraten. Nicht zusätzlich würzen.

Kartoffelpüree anrichten, darauf die Blutwurst, die Äpfel und die Zwiebeln geben.

Hühnerfrikassee

Zutaten:

1 kg Hühnerbrustfilet
1000 ml heller Hühnerfond
2–3 Schalotten
0,2 l Schlagsahne
1–2 Eigelb
Zitronensaft
1–2 EL Butter
frisch gemahlener Pfeffer
Salz

Zubereitung:

Hühnerfilet waschen, mit Küchenpapier gut abtupfen und in nicht zu kleine Teile schneiden. Den Fond zum Kochen bringen. Schalotten schälen, fein wiegen und in Butter anschwitzen. Das Fleisch zugeben, salzen und pfeffern. Mit der heißen Flüssigkeit ablöschen und 20 bis 25 Minuten bruzzeln lassen. Sahne, Ei, 1 Kelle Brühe, Zitronensaft und Eigelb in einer Schüssel miteinander verrühren. Die Sauce mit Mehlbutter abbinden und kurz aufwallen lassen. Vom Feuer ziehen und die Sahne-Ei-Mischung vorsichtig unterziehen.

Mit Zitronensaft abschmecken.

Mit Reis servieren.

Jrompers-Zopp (Kartoffelsuppe)

Zutaten:

- 500 Gramm mehlige Kartoffel
- 1 Stange Porree
- 1 Zwiebel
- 1 Möhre
- 50 Gramm durchwachsener Speck
- 1 El. Öl
- ca. 1 1/2 Liter Fleischbrühe
- Salz

Zubereitung:
Die geschälten und gewaschenen Kartoffel und die Möhre in kleine Würfel schneiden. Den Porree putzen und in feine Ringe schneiden. Auch den Speck und die Zwiebel fein würfeln und mit dem Öl in einer Pfanne auslassen. In einen Topf zuerst die Kartoffeln, Möhre, Porree und den Speck geben. Mit der Fleischbrühe gut bedecken. Aufkochen lassen und ca. 45 Minuten leise köcheln lassen. Mit Salz abschmecken.

Wer möchte, kann auch noch geräucherte Mettwürstchen und oder Brühwürstchen mitkochen. Mit in Butter gerösteten Toastbrotwürfeln schmeckt die Suppe besonders lecker.

Kohlrouladen (nach Gertruds Art)

Zutaten:

- 1 großer Weißkohlkopf
- 250 Gramm Hackfleisch
- 1 Brötchen
- 2 Eier
- 1 Zwiebel
- Petersilie, Pfeffer, Salz, Muskat
- Fleischbrühe
- Evt. etwas Rotwein und Sahne

Zubereitung:
Den Kohlkopf in kochendem Salzwasser blanchieren, die halbgaren Blätter lösen und zum Füllen vorbereiten. Aus dem Hackfleisch, dem eingeweichten und ausgedrücktem Brötchen, Eiern und Gewürzen den Hackteig zubereiten, danach in Portionen einteilen und auf die Kohlblätter geben. Dann die Blätter aufrollen zu Rouladen und mit Zwirn zusammenbinden. Im heißen Fett anbraten, Fleischbrühe angießen. Im Backofen die Rouladen eine Stunde schmoren lassen. Ab und zu drehen und mit der Brühe übergießen. Die fertigen Kohlrouladen auf einer Platte warm stellen, den Bratenfond mit etwas Wasser und evt. etwas Rotwein auffüllen, aufkochen lassen, mit Soßenbinder binden, mit Sahne verfeinern und pikant abschmecken. Dazu reicht man Salzkartoffeln.

Kräutersuppe von der Mosel

Zutaten:

- 1 Bund Suppengemüse (Sellerie, Möhren, Lauch, Blumenkohl)
- einige Schalottenwürfel
- 20 g Butter
- ½ l halbtrockener Riesling
- 1 Bund Petersilie
- 1 Bündel Schnittlauch
- einige Zweige Kerbel, Pimpinelle, Estragon
- etwas Zitronensaft
- 250 g Landrahm

Zubereitung:

Das Suppengemüse in kleine Stücke würfeln, und mit einigen Schalottenwürfeln und der Butter andünsten. Mit dem halbtrockenen Riesling auffüllen, köcheln lassen bis der Wein fast vollständig eingekocht ist. Dann mit ¼ l Gemüsebrühe auffüllen, auf kleiner Flamme köcheln lassen bis das Gemüse weich ist. 1 Bund Petersilie, 1 Bündel Schnittlauch und einige Zweige Kerbel, Pimpinelle, Estragon fein hacken und mit Zitronensaft und 250 g Landrahm in die Suppe geben. Suppe abschmecken und dann ½ Stunde ziehen lassen. Durch ein Sieb rühren oder alternativ Suppe vom Gemüse abschöpfen

Mehlklöße

Kloßgerichte waren und sind in der Eifel sehr beliebte Speisen. Diese Gerichte lassen sich schnell herrichten, sind relativ einfach und es bedarf nur weniger Zutaten. Zu den begehrtesten Kloßspeisen gehören Mehlklöße, Weißbrotklöße, Griesmehlklöße, Kartoffel- und Reisklöße. Stellvertretend für die vielen Sorten sei hier die Mehlkloß-Variante wiedergegeben.

Zutaten:

- 1 Pfund Weizenmehl
- 4 Eier
- ¼ l warme Milch
- 15 g Hefe
- 1 Stich Butter oder Schmalz
- 1 Teelöffel Zucker
- 1 Prise Salz

Zubereitung:
Das Mehl auf dem Tisch ausstreuen, in der Mitte eine Vertiefung machen und die warme Milch hineinrühren. Die gesamte Masse wird zu einem Teig geknetet, anschließend zum Aufgehen an einen zugfreien Ort gestellt. Danach wird der Teig nochmals leicht durchgearbeitet, dann bindet man die geformten Klöße in ein ausgeschmiertes und mit Mehl bestäubtes Tuch. Schließlich werden die Klöße 1 Stunde in Salzwasser gekocht. Serviert werden die Mehlklöße – übergossen mit brauner Butter und gerösteten Brotstückchen – zusammen mit Apfelkompott.

Mettwurst mit Wirsing

Zutaten:

- 6 Mettwürstchen
- 1 Wirsingkohl
- 1 kg Kartoffeln
- Wasser
- Salz und Pfeffer
- Muskatnuss
- Schmalz
- Speckwürfel

Zubereitung:
Wirsing waschen, dünn schneiden, Schmalz und Speckwürfel in einen Topf geben und auslassen. Darauf den Wirsing geben, Salz und Pfeffer hinzufügen. Etwas Wasser zugeben, damit die Masse nicht anbrennt. Ca. 1 Std. dünsten und gelegentlich umrühren.

10 Min. vor Ende des Kochvorgangs die Mettwürstchen in den gleichen Topf geben und zusätzlich würzen. Parallel dazu die Kartoffeln kochen. Das Gemüse abschmecken mit etwas Sahne und Petersilie.

Serviert wird das Gericht auf einem großen Teller, der komplett mit Wirsing ausgelegt ist. Darauf die Würstchen legen, an den Rand die Kartoffeln. Petersilie nicht vergessen. Hierzu passt vorzüglich ein trockener Weißwein.

Milchsuppe (Mellichzopp)

Milch gab es früher in jedem Haushalt. Zumeist hatte der Eifeler – wenn nicht eine Erwerbslandwirtschaft – doch wenigstens eine Kuh. Somit gab es Milch als Grundstoff zu jeder Mahlzeit. Entweder als Getränk oder auch als Basis für eine gute Milchsuppe.

Spaß am Rande:
Eine Kuh macht Muh, viele Kühe machen Mühe.

Zutaten:

- altes Brot, auch Brotenden
- Milch
- Zucker
- Zimt
- Salz

Zubereitung:
Milch erhitzen, Brot in bissgerechte Stücke brechen und in die Milch geben, nach Geschmack salzen, zuckern, zimten und heiß servieren!

Nuuzen, Muuzen, Mäuschen ...

Dieses Rezept stammt aus dem 13./14. Jahrhundert: Für ihren Namen sollen eine Novizin und ein junger Bischof verantwortlich sein, der in einem Frauenkloster die Küche besuchte. Eine Novizin, die gerade die kleinen Krapfen herrichtete, erschreckte sich beim Anblick des stattlichen Mannes so sehr, dass sie versehentlich ihre Krapfen noch feucht ins heiße Fett gleiten ließ. Es zischte gewaltig. Der leutselige Bischof tröstete und segnete die unglückliche Novizin und nannte von nun an dieses Fastengebäck »Nonnenfürzli«.

Zutaten:

- 250 ml Milch
- 1 Pr Salz
- 50 g Butter
- 125 g Mehl
- 3 Eier
- 1 EL Zucker
- 1 Msp Backpulver
- 1 EL Mehl

Zubereitung:
Für den Brandteig Milch, Salz und Butter in einem großen Topf zum Kochen bringen. Nach kurzem Aufwallen das Mehl im Ganzen sorgfältig einrühren, bis sich der Teig von der Topfwand löst. Vom Feuer nehmen. Eier aufschlagen, mit dem Zucker, dem Backpulver und dem Mehl verrühren, zum Brandteig geben und gut vermischen. Mit einem Teelöffel kleine Plätzchen formen, trocknen lassen. Dann in der Bratpfanne im heißen Fett schwimmend goldgelb backen.

Nuuzen, auch »Prümer Mäuschen« genannt

Zu dem klassischen Fastnachts- und Fastenzeitsgebäck gehören die Nuuzen oder Muuzen genannt. Im Prümer Raum werden sie auch »Prümer Mäuschen« genannt. Die Hausfrau stellt sie bis heute als Fettgebackenes vor dem Fetten Donnerstag sowie in der Fastenzeit her. Früher erhielten die Kinder bei ihren Heischegängen Nuuzen, in Zucker getaucht, zum sofortigen Verzehr. Nuuzzen sind ein rheinisches Siedegebäck, welches traditionell zu Karneval und Silvester hergestellt wird. Nuuzen werden aus einem Teig aus Mehl, Eier, Zucker und Aromen gemacht. Der zähe Teig wird dünn ausgerollt in Rauten geschnitten und im heißen Öl goldgelb ausgebacken. Das Gebäck wird gewöhnlich mit Staubzucker (»süßem Schnee«) bestäubt. Nuuzen sind vorwiegend im Großraum Köln, am Mittleren Niederrhein, in Regionen des Bergischen Landes und in der Eifel verbreitet.

Zutaten:

- 200 g Quark
- 6 Esslöffel Milch
- 1 Ei
- 8 Esslöffel Öl
- 100 g Zucker
- 1 Päckchen Vanillin-Zucker
- 1 Päckchen Backpulver
- 1 Prise Salz
- 400 Gramm Mehl

Zubereitung:

Aus den Zutaten einen Knetteig herstellen, in einem Topf Frittierfett erhitzen. Mit einem Teelöffel kleine Teigstücke formen. In heißem Fett ausbacken, bis sie goldgelb sind. In einer Mischung aus Zucker und Zimt wälzen. Zum Portionieren der Teigstücke benutzt man heute auch einen Eiskugelformer. Damit geht es wesentlich schneller.

Ofensuppe nach Brigitta

Zutaten:

- 1 kg Schweinefleisch gewürfelt
- 500 g Zwiebeln gewürfelt
- 1 Glas Pilze ohne Saft
- 1 kleines Glas Tomatenpaprika
- 1 kleine Dose Erbsen mit Saft
- 1 kleine Dose Ananas gewürfelt mit Saft

Diese Zutaten werden schichtweise in ein feuerfestes Gefäß gefüllt.

- 250 g Curry-Ketchup
- 250 g Chilisoße
- ½ l Sahne

Diese drei Zutaten mischen und über die Fleisch-Gemüse-Mischung gießen. Bei 200°C Umluft 2 Stunden garen.

Dazu isst man Weißbrot oder Weizenbrötchen.

Oma Agnes' Lieblingsrezept: Rinderbraten

Zutaten für 4 Portionen:

- 1 kg Rinderbraten
- Salz, Pfeffer
- 1 EL Paprikapulver
- 2–3 EL Butterschmalz
- 2 Zwiebeln
- 4 Karotten
- 1 kleiner Kopf Sellerie
- 2 Lorbeerblätter
- Wacholderbeeren
- einige Pfefferkörner
- einige Pimentkörner
- 3–4 EL Tomatenmark
- ½ l Rotwein
- ½ l Brühe
- 2 Becher Sahne
- 1 Tasse Mehl

Zubereitung:
Den Rinderbraten waschen, trocken tupfen und mit Salz, Pfeffer und Paprika würzen. Das Butterschmalz erhitzen und darin den Braten von allen Seiten gut anbraten. Das geputzte und gewürfelte Gemüse (Sellerie, Möhren, evt. Erbsen oder Bohnen) dazugeben und mit anrösten. Das Tomatenmark dazugeben, kurz anrösten und dann mit Rotwein ablöschen, anschließend mit Brühe auffüllen.

Im vorgeheizten Ofen bei 200°C ca. 80–90 Min. schmoren lassen. Das Fleisch herausnehmen und warm stellen. Die Sauce aufkochen und mit der Sahne-Mehl-Mischung binden. Abschmecken und mit Kartoffeln heiß servieren.

Oma Trudchens leckere Schweinekoteletts

In der Eifel stehen Koteletts hoch im Kurs. Besonders beliebt sind Schweinekoteletts, aber auch Kalb- und Lammkoteletts sind beliebt. Sie werden oft sonntags hergerichtet. Dazu reicht man Kartoffeln und Salat.

Zutaten:

- 4 Schweinekotelett
- 2 Zwiebel
- 100 g Speck
- 2 EL Mehl
- 1 Suppenwürfel
- Salz und Pfeffer
- Fett

Zubereitung:
Die Koteletts waschen und trocken tupfen. Etwas salzen und pfeffern, auf beiden Seiten in Fett kurz anbraten und in eine vorgewärmte Schüssel geben.

Noch etwas Fett in die Pfanne geben, Speck und Zwiebel darin anrösten, Mehl dazugeben. Mit etwas Wasser aufgießen. Suppenwürfel, Salz und Pfeffer dazugeben und kurz aufkochen lassen.

Koteletts in diese Sauce geben und auf kleiner Flamme ca. 1/2 Stunde braten.

Dazu passen Kartoffeln oder Reis.

Pellkartoffeln mit Quark

Manchmal sollen sie eine(n) nach dem Bürsten und Kochen nett anlächeln, weil die »Augen« ja nicht ausgestochen sind … Manchmal sehen sie gar – je nach Figürlichkeit – wie putzige Männchen (oder Weibchen) aus. Das gab diesem Gericht den originellen Namen »Quellmännchen«.

Zutaten:

- 1 Pfd. Kartoffeln
- 2 Eier
- 250 g Magerquark
- 1 El. Öl
- etwas saure Sahne
- 1 Zwiebel
- Pfeffer
- Zucker
- Salz
- Schnittlauch

Zubereitung:
Die Kartoffeln waschen, schrubben und in gesalzenem Wasser garen. Eigelb vom Eiweiß trennen und das durch ein Sieb gestrichene Eigelb mit dem Magerquark verrühren. Nach und nach Öl und saure Sahne einrühren. Mit der fein geschnittenen Zwiebel, Salz, Pfeffer und einer Prise Zucker abschmecken. Zum Schluss das Eiweiß zugeben, gut mischen und ziehen lassen. Vor dem Auftragen das Schnittlauch über den Quark geben und zu den abgeschreckten, abgezogenen Pellkartoffeln servieren.

Pfannkuchen (Pannkooch)

Zutaten:

- 250 g Mehl
- 2–3 Eier
- ½ TL Salz
- Milch (Vollmilch)
- Sprudel (Mineralwasser mit Kohlensäure)

Zubereitung:
Teig mit Milch und etwas Sprudel anrühren, in der Pfanne in etwas Fett dünn ausbacken.

(Der Sprudel macht den Pfannkuchen etwas »luftiger«.)

Pfannkuchen mit Zucker bestreuen, zusammenrollen und »von der Rolle« essen. Schmeckt auch kalt oder in der »Pannkochzopp« ganz ausgezeichnet. Eignet sich auch hervorragend als Beilage zu jeder Fleischsuppe.

Sauerbraten – Eifeler Art (nicht rheinisch!)

Zutaten:

- 1 kg Sauerbraten-Rindfleisch eingelegt oder selber einlegen
- 2 Zwiebeln
- 1 Karotte
- 1 Becher Sauerrahm
- ¼ Glas Preiselbeeren
- 500 ml Rotwein (mehr oder weniger nach Geschmack)
- Balsamicoessig (falls erwünscht)

Zubereitung:
Fleisch salzen, pfeffern, mit Zucker bestreuen und rundherum scharf anbraten.

Fleisch herausnehmen, Bratensaft mit reichlich Rotwein ablöschen. Zwiebel und Karotten klein geschnitten dazu geben. Mit etwas Sauerbratensud aufgießen (Menge variiert je nach Geschmack und Essigwürze).

Fleisch wieder dazu geben und ca. 1 Stunde im geschlossenen Topf oder Bräter bei 160 – 180°C im Backofen garen.

Fleisch herausnehmen, Sud einmal durchsieben und alles wieder zurück in den Topf.

Preiselbeeren, Sauerrahm, Rotwein und Balsamicoessig, eventuell noch Sauerbratensud dazu geben. Dann nochmals 1 Stunde bei 160°C ohne Deckel im Ofen fertig garen. Fleisch zwischendurch wenden.

Als Beilage passen gekochte Klöße.

Sauerkrauteintopf aus der Eifel

Zutaten:

- 1 Dose Sauerkraut
- 500 g Kartoffeln
- 100 g Speck, durchwachsen
- 4 Mettwürstchen, geräuchert
- 250 ml Wasser
- 250 ml Buttermilch
- 4 Wacholderbeeren

Zubereitung:

Den Boden eines Topfes mit Speckwürfeln belegen, die Kartoffeln waschen, schälen, vierteln und auf die Speckwürfel legen. Sauerkraut zerzupfen, 1–2 EL zurückbehalten und den Rest auf die Kartoffeln geben.

Die Mettwürstchen oben auflegen, Wasser und Wacholderbeeren hinzufügen und zugedeckt bei mäßiger Hitze ca. 30–40 Minuten garen.

In der Zwischenzeit nicht umrühren. Dann die Würstchen herausnehmen, den Eintopf stampfen, die Buttermilch zugeben und abschmecken. Das rohe Sauerkraut locker unterheben.

Schnippel-Zopp

Weil alle Zutaten zu diesem deftigen Gericht – einer Art Eintopf – klein geschnitten werden, hat die Suppe den Namen »Schnippel-Zopp«. Ein herzhaftes Essen, das mit einem Glas Bier eingenommen wird.

Zutaten:

- 750 g Kartoffel
- 250 g Kohlrabi
- 150 g Möhren
- 200 g grüne Erbsen
- 200 g grüne Bohnen
- 1 kleine Stange Porree
- 1 Viertel Sellerie
- 2 Liter Fleischbrühe
- 100 g mageren Speck
- 1 Zwiebel
- Salz, Pfeffer
- 4 Mett- oder Fleischwürstchen

Zubereitung:
Geschälte Kartoffeln und Sellerie in kleine Würfel schneiden. Kohlrabi und Möhren in feine Spalten schneiden. Bohnen in kurze Stücke brechen, Porree in feine Scheiben schneiden, mit den Erbsen in der Brühe garen. In Würfel geschnittenen Speck auslassen, feingeschnittene Zwiebel darin rösten. Beides in die Suppe geben und mit Salz und Pfeffer abschmecken. Würstchen in Scheiben schneiden und in die Suppe geben

Sonntagsbraten (der auch warten kann ...)

Zutaten:

- 1,5 kg Lendenbraten
- 250 g Pilze (Pfifferlinge)
- ½ l Milch
- 100 g geräucherter Käse
- 250 g gekochter Schinken
- 50 g Butter
- Mehl, Salz, Pfeffer, Muskat

Zubereitung

Den Lendenbraten 90 Minuten im Backofen hell garen, dabei mehrmals mit Wasser übergießen. Aus der Butter, dem Mehl und der Milch eine helle Mehlschwitze zubereiten, mit Salz, Pfeffer und Muskat abschmecken. Die gedünsteten Pilze und den in Streifen geschnittenen Schinken unterrühren. Den Braten in Portionen schneiden und zusammengesetzt in eine Auflaufform geben. Dann zwischen jede Bratenscheibe einen Esslöffel Pilz-Schinken-Soße geben. Den Rest seitlich verteilen und alles mit dem geriebenen Käse überstreuen. Die Form in den Backofen schieben und vor dem Verzehr nochmals erhitzen.

Ergänzung der (verständnisvollen) Köchin: Das Essen ist ideal für späte Frühschoppen-Heimkehrer!

Soubungen mat Bochlapp

Dieses Essen wurde früher in der Eifelküche oft zubereitet. Zum einen besaß die Bäuerin einen großen eigenen Feld- oder Hausgarten mit reichlich Bohnenangeboten, zum anderen schlachtete und räucherte der Hausherr mehrmals im Jahr gepökeltes Fleisch. Somit entstanden wenig Kosten und das Mahl war äußerst nahrhaft. Noch Tage später wurde übriggebliebenes Rauchfleisch gerne auf dem Butterbrot verzehrt. Früher gab es dazu den beliebten Viez (Apfelmost), heute neigt man eher zum Bier.

Zutaten für 4 Personen:

- Kartoffeln
- 500 g geräucherter durchwachsener Speck
- 500 g dicke Bohnen (auch Saubunge oder Puffbunge genannt)
- Bohnenkraut
- 50 g fetter Speck
- 1 EL Mehl
- Salz und Pfeffer
- Petersilie

Zubereitung:

Die dicken Bohnen (nur die Kerne) in Salzwasser mit etwas Bohnenkraut gar kochen und auf ein Sieb geben. Für die Mehlschwitze den fetten Speck in Würfel schneiden und auslassen. In das heiße Fett unter Rühren das Mehl zugeben und nach und nach Wasser zufügen, bis man eine gebundene Soße erhält. Mit Salz und Pfeffer abschmecken und die Bohnen unterheben.

Dazu parallel Salzkartoffeln kochen – am besten eine festkochende Sorte – und geräucherten durchwachsenen Speck 1 Stunde langsam kochen lassen.

Serviert wird das heiße Gericht – garniert mit viel Petersilie – zusammen mit einem kühlen Bitburger Pils.

Eefeler Stampes

»Gestampftes« also – dieses Eifeler Traditionsgericht war sehr beliebt. Das Gericht ist leicht zuzubereiten, hält lange vor und lässt sich gut aufbewahren. Das ganze Haus duftete bei der Kocharbeit nach Kraut und Gewürzen.

Zutaten:

- 1 Pfd. Sauerkraut (früher aus dem hauseigenen »Musdöppen« entnommen)
- 1 Tasse Weißwein
- 1 kg Kartoffeln
- ¼ l Milch
- 250 g geräucherter Speck
- 2 dicke Zwiebeln
- 1 EL Butter
- frisch gemahlener Pfeffer
- Salz

Zubereitung:
Das Sauerkraut ca. 30 Minuten weich schmoren, Wein zugießen. Die Kartoffeln schälen und 20 Minuten garen, danach abgießen und mit der heißen Milch stampfen. Die Butter in einer Pfanne auslassen, Speck und geschälte Zwiebeln fein würfeln und in der Butter bräunen. Den Pfanneninhalt und das Sauerkraut zu den Kartoffeln geben und alles gut vermischen. Mit Salz und Pfeffer würzen.

Erklärung:
»Musdöppen« war ein steinerner Topf, der in kleinen Haushalten etwa 20 bis 30 Liter fasste. In Großfamilien stand im kühlen Keller ein bis zu 150 Liter fassender »Stein«, der das Sauerkraut aufnahm. Dieses wurde von

der Hausfrau ständig überwacht – Sauerkraut galt als äußerst beliebtes und heilkräftiges »Gemüse«.

Zubereitung des Sauerkrauts

Für die Sauerkrautherstellung ist frischer fester Weißkohl am besten geeignet. Nach dem Entfernen der äußeren Blätter muss der Weißkohl fein gehobelt werden.

Jetzt wird er in einem Steintopf abwechselnd mit Salz geschichtet. Jede Schicht des Sauerkrauts muss so lange »gestampft« werden, bis die austretende Flüssigkeit den Weißkohl überdeckt. Dann kann die nächste Weißkohlschicht mit Salz aufgetragen werden.

Je nach Bedarf und Geschmack können zu jeder Schicht folgende Zutaten zum Sauerkraut gegeben werden:

- Zucker
- Kümmel
- Wacholderbeeren
- Weinblätter
- Karotten
- Apfelscheiben

Nachdem der ganze Weißkohl geschichtet und gestampft ist, muss der Steintopf mit einem sauberen Tuch bedeckt, mit einem Gegenstand (z.B. Stein) beschwert und an einem kühlen Ort gelagert werden. Etwa einmal pro Woche sollte das Tuch gewechselt werden. Nach ca. 4–6 Wochen ist die Gärung abgeschlossen und das Sauerkraut verzehrfertig.

Vollkorn-Nuss-Waffeln

Zutaten für 20 Stück:

- 250 g Butter
- 200 g Zucker
- 2 Pakete Vanillinzucker
- 1 Paket Backpulver
- 6 Eier
- 5–6 EL Zitronensaft
- Prise Salz
- 200 g Vollkornmehl
- 200 g Speisestärke
- 100 g gemahlene Nüsse oder Mandeln
- 250 ml Mineralwasser mit Kohlensäure

Zubereitung:
Die Butter schmelzen, Mehl, Speisestärke, Backpulver und Nüsse vermengen. Eier und Zucker samt Vanillinzucker schaumig schlagen, die Prise Salz, den Zitronensaft und die weiche Butter untermischen und gründlich verrühren. Die Mehlmasse ebenfalls mit untermengen. Den Teig noch 5 bis 10 Minuten von der Küchenmaschine rühren lassen und mindestens eine Stunde in den Kühlschrank stellen.

Diese Waffeln lassen sich gut am Vortag vorbereiten und schmecken fantastisch mit gemahlenen und gerösteten Nüssen und etwas Sahne oder Sahnejoghurt oder Vanilleeis.

Waidmanns Sonntagsschmaus – edles Ragout von der wilden Sau

Zutaten für 5 Personen:

- 1 kg Eifeler Wildschwein
- 600 g Zwiebeln
- 5 g roter Curry
- 2 Knoblauchzehen
- 100 g Preiselbeeren
- Salz, Pfeffer
- Wacholderbeeren
- Nelken
- Lorbeerblätter
- 100 ml Rotwein

Zubereitung:
Fleisch und Zwiebeln anbraten, bis die Zwiebeln sich komplett aufgelöst haben und das Ragout eine dunkle Farbe hat (Der Zucker in den Zwiebeln karamellisiert dabei). Grob zerdrückte Gewürze, Knoblauch und Preiselbeeren zufügen. Rotwein zugeben und komplett verkochen. Wasser nach und nach zufügen und schmoren, bis das Fleisch gar ist. Bei Bedarf kann das Ragout noch etwas mit Mehl gebunden werden. Die Gesamtgarzeit variiert zwischen ein und zwei Stunden, je nachdem, wie alt das Tier war.

Tipp des Kochs Thomas Herrig aus Meckel/Südeifel:
Ältere Tiere sind kein Nachteil – im Gegenteil, der Geschmack wird nur besser. Das Ragout eignet sich sehr gut zum Vorbereiten, ist also für ein stressfreies Festessen optimal geeignet. Man kann in aller Ruhe das Fleisch kochen, abschmecken und beim Aufwärmen wird das Ragout nur noch besser.

Warmer Kartoffelsalat (nach Inges Art)

Zutaten

- 1 kg Kartoffeln fest kochend
- 1 Zwiebel
- 125 ml Fleischbrühe
- 125 g Speck
- 6 EL Essig
- 2 EL Öl
- 1 Prise Zucker, Pfeffer, Salz
- ½ Bund Petersilie
- ½ Bund Dill
- ½ Bund Schnittlauch

Zubereitung:
Die Kartoffeln werden normal gekocht und gepellt und sofort in Scheiben geschnitten. Diese nun in eine Schüssel geben und durch ein heißes Wasserbad warm halten. Dort mit Essig und heißer Fleischbrühe übergießen. Nun werden die Zwiebeln geschält, fein gehackt und mit dem Speck in einer Pfanne mit Öl goldbraun gebraten. Alles wird jetzt mit Salz, Pfeffer und Zucker gewürzt.

Die erhitzte Specksauce wird nun über die Kartoffeln geschüttet und alles wird vorsichtig vermengt. Jetzt noch ca. 20 Minuten durchziehen lassen und anschließend noch die gewaschenen Kräuter über die Kartoffeln streuen.

Schlusswort

Wie Sie, liebe Leserinnen und Leser, unschwer feststellen: Die Eifelküche liebte es deftig! Das war und ist dem fleißigen Eifelvölkchen geschuldet, das sich früher jeden Lebensunterhalt auf kargen Äckern und Wiesen hart erarbeiten musste. Dazu bedurfte es einer kräftigen, fettreichen Ernährung, die nachhalten musste. Das galt besonders für die Zeit der Heuernte, aber auch für die Arbeit im Wald und auf dem Getreideacker.

Heute hat sich die Esskultur – auch auf dem Land – enorm verändert. Es gibt kaum noch Selbstversorger, die mit der Haltung von Haustieren und üppigen Gärten ihren Unterhalt bestreiten. Das hat viele Gründe: Zeitmangel aus beruflichen Gründen, weniger »Erdung« in Haus und Hof, Mobilität und – nicht zuletzt – die riesigen Angebote in den Supermärkten.

Gerne möchte ich (mit Augenzwinkern) Beispiele nennen: Zwei Kohlrabi kosten heute im Handel 90 Cent, zwei Jungpflanzen im Gartencenter 80 Cent. Ein Kilo Hähnchenschenkel kostet 3,99 Euro – natur oder mariniert. Da lohnt gewiss keine Eigenhaltung und kein Eigenanbau mehr!

Zudem haben die zahllosen »Neu-Eifeler« das Bild der Dörfer und Städte in den letzten drei Jahrzehnten verändert. Die durchaus angesehen Gäste aus Luxemburg, Niederlande & Co. bringen ihren eigenen Lebensstil und Küchenideen mit. Das ist sehr zu begrüßen; denn neben der Rettung vieler alter Bausubstanzen wie Bauernhäusern, Mühlen oder Gaststuben erlebt auch die Eifelküche eine kräftige Belebung und Erweiterung.

Dass auch die neue Philosophie »vegetarisch« und »vegan« das Bild gewaltig verändert, liegt auf der Hand. »Bauchlappen«, »Eisbein«, »Sülze« »un en juut

Huhnerzopp« sind dabei, aus der Küche zu verschwinden. Auch »dicke Bohnen« und Sauerkraut sind (besonders bei jüngeren Leuten) nicht mehr gefragt. Nicht zu sprechen von Marmeladen, Gelees und hausgemachter Blut- und Leberwurst.

Was noch alles in der Eifelküche entstehen wird, ist kaum abzuschätzen. Der Trend ist allerdings klar auszumachen: Pizza und Döner sind auf dem besten Weg, unsere Koch-und Esskultur völlig umzukrempeln. Pommes über alles! Dazu Schnitzel, Hähnchen und ganz viele Saucen.

Der Grund für diese Veränderung liegt auf der Hand: Keiner hat mehr Zeit, die Erde dreht sich und »Lieferando« ist nicht weit …

J.S.

Eine Empfehlung von Katharina von Goethe:

Man nehme 12 Monate, putze sie sauber von Neid, Bitterkeit, Geiz, Pedanterie und zerlege sie in 30 oder 31 Teile, so dass der Vorrat für ein Jahr reicht. Jeder Tag wird einzeln angerichtet aus 1 Teil Arbeit und 2 Teilen Frohsinn und Humor. Man füge 3 gehäufte Esslöffel Optimismus hinzu, 1 Teelöffel Toleranz, 1 Körnchen Ironie und 1 Prise Takt. Dann wird die Masse mit sehr viel Liebe übergossen. Das fertige Gericht schmücke man mit Sträußchen kleiner Aufmerksamkeiten und serviere es täglich mit Heiterkeit.

Veröffentlichungen

Die Geschichte des Kreises und der Stadt Prüm von den Anfängen bis zur Gegenwart unter besonderer Berücksichtigung der Abtei Prüm (1972)

Von Prumizfelt bis Pronsfeld (Sonderheft), 1989

Aufsätze zur Pfarr- und Besiedlungsgeschichte der Eifel, zum Gerichts- und Schulwesen, zum Brauchtum, zur Infrastruktur, zum Tourismus in der Eifel u.v.m. in:

Prümer Land

Trierischer Volksfreund

Sendbote

Mosella

Bistumsblatt Paulinus

Chronik des Regino-Gymnasiums

Zwischen Venn und Schneifel

Die Eifel (Eifelverein-Zeitschrift)

Prümer Landbote

Heimatkalender Bitburg - Prüm

Heimatjahrbuch Vulkaneifelkreis

Co-Autor in mehreren Büchern (z.B. Pronsfelder Bilderbogen, Der Rheinland-Pfalz-Tag in Prüm, Maifeldkochbuch u.v.a.)

freier Mitarbeiter bei einer Tageszeitung

journalistische Tätigkeit bei diversen Zeitschriften, Zeitungsbeilagen und Heimatkalendern

Fotoausstellungen in Prüm, Bitburg u.a.

Mehrere Auszeichnungen bei Fotowettbewerben, u.a. Platz 1 in Düsseldorf zum Thema »Landleben«

Buchveröffentlichungen (22)

* Brauchtumslandschaft Eifel - Bräuche und Feste im Jahreskreis (1996) - vergriffen

* Brauchtumslandschaft Eifel - Feiern, Feste und Bräuche in Haus und Familie (1997) - vergriffen

* Brauchtumslandschaft Eifel - Volksfrömmigkeit früher und heute (1998) - vergriffen

* Von Kesselflickern, Kalkbrennern und Korbflechtern - Handwerk und Gewerbe im alten Eifeldorf (1999)

* Von Kurbeln, Kesselhaken und Kappessteinen - Ländliches Leben und Schaffen im alten Eifeldorf (2000)

* Im stillen Eifelhaus - Eine Reise in die Vergangenheit (2006)

* Immerwährender Eifeler Bauern- und Hauskalender (2008)

* Leben und Arbeiten in der Vulkan- und Westeifel (2009) - vergriffen

* Brauchtum in der Westeifel (2010)

* Weihnachten im Eifelland (2011)

* Die Vulkaneifel - Fotos von Fredy Lange (2012)

* Was Oma einst anrichtete – Eifeler Küchengeschichten (2012, Eigenverlag – Neuauflage 2017)

* Watt kouchst du Mamchen? (3. Auflage unter neuem Titel, 2013)

* Zu Besuch im frühen Eifeldorf (2014)

* Ist der Bauer voll mit Bierchen, geht er heim auf allen Vierchen (2015)

* Weihnachten im Eifelland (Verbesserte Neuauflage, 2015)

* Es begab sich dereinst im Eifelland – Eefeler Verzellcher (Bd. 2 - 2016)

* Ländliches Leben in der Eifel in historischen Fotografien (2016)

* Volkskundliche Plaudereien am Kamin – Eefeler Verzellcher (Bd. 2 – 2017)

* Volkskundliche Plaudereien auf der Hofbank – Eefeler Verzellcher (Bd. 3 -2018)

* Es begab sich dereinst im Eifelland – Eefeler Verzellcher (Band 1, Neuauflage 2021)

* Plaudereien bei der Heuernte – Eefeler Verzellcher (Band 2, Neuauflage 2022)

* Plaudereien am Kaminofen – Eefeler Verzellcher (Band 3, Neuauflage Herbst 2022)

In Vorbereitung

* Plaudereien in der alten Schmiede – Eefeler Verzellcher (Band 5)

* Plaudereien in der guten Stube – Eefeler Verzellcher (Band 6)

* Plaudereien in der Dorfkneipe – Eefeler Verzellcher (Band 7)

* Dat aal Jedöns vo friejer – Eifeler Geschichten zum Schmunzeln, Schaudern und Staunen

* Kindheit auf dem Land – Erinnerungen an frühere Zeiten (2023)

Joachim Schröder

Es begab sich dereinst im Eifelland ...

Eefeler Verzellcher Band I

2. Auflage

222 Seiten, 15,00 EUR

ISBN: 978-3-96123-021-1

Joachim Schröder hat im ersten Band seiner »Eefeler Verzellcher« ein wahres »Schatzkästlein« an Eifeler Sprüchen, Rätseln, Geschichten und Geschichtchen zusammengestellt. Eifeler Steckelcher und Verzellcher, das meint nichts anderes als Erzählstücke, die in der Eifel seit frühester Zeit mündlich überliefert wurden und noch immer werden. Sie bezaubern durch Originalität, die richtige sprachliche Würze und oft genug eine gewisse Derbheit. Die Eefeler Verzellcher sen nu mol wie se sen: hart, aber herzlich.

Joachim Schröder

Plaudereien bei der Heuernte

Eefeler Verzellcher Band II

206 Seiten, 15,00 EUR

ISBN: 978-3-96123-037-2

Bis in die 1950er Jahre hinein war die Heuernte reine Handarbeit – mühselig das Mähen, endlos lange die Wende- und Dreharbeiten und arbeitsaufwändig der Heimtransport. So dauerte früher der Heumonat nicht nur einige Tage, sondern mehrere Wochen. Auftakt der Heusaison war früher »um den Pittischdaach«, also um den Festtag »Peter und Paul« am 29. Juni.

Um sich die Arbeit angenehmer zu gestalten, gab es auf den großen Heuwiesen Musikanten, die zur Unterhaltung aufspielten. In mehreren Quellen ist die Rede davon, wie Flöten- oder Geigenspieler die Schnitter bei ihrer monotonen Arbeit begleiteten … und nicht zuletzt gab es natürlich Plaudereien während der Heuernte, die die harte Arbeit kurzweiliger machten.

Eefeler Verzellcher Band III

Joachim Schröder

Plaudereien am Kaminofen…

Eefeler Verzellcher Band III

244 Seiten, 15,00 EUR

ISBN: 978-3-96123-047-1

Der Kaminofen – in den alten Bauernhäusern der Eifel war er vor allem während der langen dunklen Wintermonate Lebensmittelpunkt, willkommener Wärmespender und Kulisse für Abende, an denen erzählt, gesponnen und geplaudert wurde …

Im dritten Band seiner Eefeler Verzellcher hat der in Prüm lebende Eifeler Heimatkundler und Autor Joachim Schröder erneut volkskundliche Gedichte, wiederentdecktes Eifeler Liedgut und Einblicke in Leben, Brauchtum und Traditionen dieser besonderen Region gesammelt. Hierin erfahren wir etwa, was uns alte Eifeler Bauernregeln über die Bedeutung des Wetters am Dreikönigstag sagen, was Brot für die Menschen im strengen Eifeler Winter bedeutete und warum der Wacholder hundert Namen hat.